高等职业教育铁道交通运营管理专业校企合作系列教材

 高等职业教育"十三五"规划教材——轨道交通类

接发列车作业

（第2版）

主　编 ● 王金香
副主编 ● 沈农华
主　审 ● 孙宝龙

西南交通大学出版社
·成　都·

内容简介

本书是高等职业教育铁道交通运营管理专业校企合作系列教材、高等职业教育"十三五"规划教材。全书有三个项目共八个任务,主要介绍了接发列车工作认知、双线自动闭塞接发列车作业、单双线半自动闭塞接发列车作业、单线自动站间闭塞接发列车作业、行车设备故障接发列车作业、运行条件变化接发列车作业、施工维修接发列车作业等内容。

本书具有一定的理论知识,重点突出实践操作技能,内容丰富、实用性强,主要适合高等职业院校铁道交通运营管理专业、中等职业学校铁道运输专业的师生使用,也可作为铁路运输相关岗位职工的培训教材或铁路相关技术人员的参考用书。

图书在版编目(CIP)数据

接发列车作业 / 王金香主编. —2 版. —成都:西南交通大学出版社,2017.7(2024.7 重印)
高等职业教育铁道交通运营管理专业校企合作系列教材 高等职业教育"十三五"规划教材. 轨道交通类
ISBN 978-7-5643-5606-4

Ⅰ. ①接… Ⅱ. ①王… Ⅲ. ①铁路车站 – 车站作业 – 高等职业教育 – 教材 Ⅳ. ①U292.15

中国版本图书馆 CIP 数据核字(2017)第 170218 号

高等职业教育铁道交通运营管理专业校企合作系列教材
高等职业教育"十三五"规划教材——轨道交通类

接发列车作业
(第 2 版)

主　　编 / 王金香	责任编辑 / 李　伟
	助理编辑 / 宋浩田
	封面设计 / 何东琳设计工作室

西南交通大学出版社出版发行
(四川省成都市金牛区二环路北一段 111 号西南交通大学创新大厦 21 楼　610031)
发行部电话:028-87600564
网址:http://www.xnjdcbs.com
印刷:四川森林印务有限责任公司

成品尺寸　185 mm × 260 mm
印张　12.25　　字数　304 千
版次　2017 年 7 月第 2 版　　印次　2024 年 7 月第 8 次
书号　ISBN 978-7-5643-5606-4
定价　39.00 元

课件咨询电话:028-87600533
图书如有印装质量问题　本社负责退换
版权所有　盗版必究　举报电话:028-87600562

第 2 版前言

随着铁路建设与发展进程的不断加快，企业对铁道交通运营技术人才、管理人才的数量和质量都提出了更高的要求，社会急需一大批具备一定基础理论、专业实践操作能力强、具有发展潜力的高素质技能型人才。

我国高等职业教育为了适应企业对职业人才的需求，倡导"项目导向、任务驱动"的职业教育理念，在"教、学、做一体"的教学模式下，使学生在学习中感受作业环境，体会岗位要求，理解岗位所需的知识和技能，缩短与实际岗位的差距。本教材适应铁路运输专业教学指导委员会会议新修订的铁道交通运营管理专业课程设置和教学改革要求，立足体现教育部关于高等职业教育要"深化工学结合、校企合作、顶岗实习"的人才培养模式改革的要求。

本教材是在深入铁路生产一线调研的基础上，通过对岗位职业能力分析，根据车站值班员岗位群的任职要求，结合高职学生的认知能力组织编写的。本教材以《接发列车作业标准》和《铁路技术管理规程》为依据，及时纳入新设备、新技术等内容，体现高等职业教育"以专业技能训练为主线、以职业素质培养为核心"的特点，职业性与实践性都很强。

本教材由天津铁道职业技术学院王金香担任主编，沈农华担任副主编，北京铁路局南仓站孙宝龙担任主审。天津铁道职业技术学院张丽娜编写了项目一；天津铁道职业技术学院刘伟玲编写项了目二的任务一、任务二；天津铁道职业技术学院沈农华编写了项目二的任务三、项目三的任务二；天津铁道职业技术学院王金香编写了项目三的任务一；中国铁路总公司调度处黄光寿编写了项目三的任务三。

本教材在编写过程中，得到了有关铁路局、站段的大力支持，得到了行业专家的热情帮助和指导，在此表示衷心的感谢。

由于编者水平有限，书中难免存在不足和疏漏之处，恳请各位老师和读者批评指正。

编　者

2017 年 3 月

第 1 版前言

我国高等职业院校为适应企业对职业人才的需求，倡导"项目导向、任务驱动"的职业教育理念：在教、学、做一体化的教学模式下，学生在学习中体会岗位要求、理解岗位所需知识和技能，缩短与实际岗位的差距。根据铁路运输专业教学指导委员会会议新修订的《铁路交通运营管理专业课程设置和教学改革》要求，本书在编写内容与模式上，立足于教育部关于高职教育要深化工学结合、校企合作、顶岗实习的人才培养模式改革的要求。

本书是在深入铁路生产一线调研的基础上，征求了铁路车站、车务段技术人员的意见，以铁路车务人员岗位群的任职要求，结合高职学生的认知能力来组织编写的，是高等职业教育铁道交通运营管理专业校企合作系列教材之一。本书内容主要包括铁路车站与列车、铁路信号联锁和闭塞设备、接发列车工作、双线自动闭塞区段接发列车作业、单双线半自动闭塞区段接发列车作业、半自动闭塞色灯电锁器联锁接发列车作业、单双线电话闭塞无联锁接发列车作业、单线自动站间闭塞集中联锁接发列车作业、行车设备故障时接发列车作业、运行条件变化时接发列车作业、线路施工维修时接发列车作业等。通过学习，可使读者全面系统地了解接发列车作业的基本知识，结合实践训练，可初步掌握接发列车作业的基本技能。

在本书编写过程中，编者汲取了铁路六次大提速在行车组织上的变化，纳入与接发列车作业相关的最新标准和要求，力求把铁路在接发列车作业方面最新最全面的知识呈现给读者，体现高等职业教育"以能力培养为主导，以技能训练为主线"的特点，实用性强。

本书由天津铁道职业技术学院沈农华任主编，王琳、赖晓燕担任副主编，北京铁路局天津车务段副段长刘凤全主审。参加编写的工作的人员有：沈农华编写项目一的任务三、项目二的任务三、项目三的任务一、任务二；王琳编写项目二的任务一、项目三的任务三；赖晓燕编写项目二的任务二、任务五；洪立新编写项目一的任务二；王金香编写项目一的任务一、项目二的任务四。

本书在编写过程中，得到了天津铁道职业技术学院运输专业教学指导委员会、北京铁路局南仓站、北京铁路局天津车务段、北京铁路局天津站、北京铁路局天津西站等部门和站段的大力支持，在此表示衷心感谢。

由于编者水平有限，书中难免有疏漏之处，恳请读者批评指正。

编　者
2013 年 5 月

目 录

项目一　接发列车工作认知 ·· 1
　　任务一　列车认知 ·· 2
　　任务二　接发列车工作认知 ·· 13
　　复习思考题 ··· 28

项目二　正常情况下接发列车作业 ·· 34
　　任务一　双线自动闭塞集中联锁接发列车作业 ·· 35
　　任务二　单双线半自动闭塞集中联锁接发列车作业 ···································· 54
　　任务三　单线自动站间闭塞集中联锁接发列车作业 ···································· 72

项目三　非正常情况下接发列车作业 ·· 91
　　任务一　行车设备故障接发列车作业 ·· 93
　　任务二　运行条件变化接发列车作业 ·· 139
　　任务三　施工（维修）接发列车作业 ·· 160
　　复习思考题 ··· 184

参考文献 ··· 189

项目一　接发列车工作认知

【项目描述】

接发列车工作是车站必须完成的一项重要行车工作，作为一名接发列车作业人员，需要根据列车车次独立判定列车种类、等级、运行方向；识别列车尾部标志；明确接发列车的基本程序、作业内容、人员分工；正确显示接发列车相关的手信号。通过本项目的学习，学生应能够对接发列车工作形成感性认知，建立接发列车作业概念，为后续知识的学习打下基础。

【教学目标】

1. 知识目标

（1）理解列车的定义。
（2）掌握列车的分类及等级。
（3）掌握列车运行方向的有关规定。
（4）了解接发列车作业应遵守的各项行车规章。
（5）熟悉《铁路技术管理规程》（简称《技规》）对行车工作人员的要求。
（6）掌握接发列车作业内容及人员分工。
（7）了解接发列车作业的基本程序。

2. 能力目标

（1）会根据列车车次识别列车性质、种类、等级及运行方向。
（2）会识别各种列车尾部标志。
（3）会显示接发列车作业相关手信号。
（4）会鸣示接发列车作业相关音响信号。

3. 素质目标

（1）具有良好的职业道德。
（2）具有很强的时间观念和遵章守纪意识。
（3）具有严谨、认真、细致的工作态度和强烈的工作责任心。
（4）树立团队协作、协调沟通及安全责任意识。

任务一　列车认知

一、相关知识

（一）列车的定义

列车是指编成的车列并挂有机车及规定的列车标志。动车组列车为自走行固定编组列车。

一般来说，列车必须具备三个条件：按有关规定编成的车列、挂有牵引本次列车的机车、有规定的列车标志。

单机（包括单机挂车）、大型养路机械及重型轨道车，因运输需要发往区间时，由于其编组内容较一般列车简单，因而部分条件可以简化，不必完全具备列车条件，即可以没有车列或部分列车标志，但其他运行条件，仍须符合《技规》的规定。在办理闭塞及接发列车手续、在区间被迫停车后的防护及处理、服从行车调度指挥，以及发生铁路交通事故处理等方面，均应按列车运行的规定办理。

列车是铁路旅客、货物运输的载体，是铁路完成运输任务的主要形式。为保证列车运行安全、提高运输效率，列车必须在重量、长度、车辆组成方面符合一定的条件。《铁路技术管理规程》中的行车办法，就是按照列车必须具备的条件制定的。

根据《技规》的规定，列车应按《技规》、列车编组计划和列车运行图规定的编挂条件、车组、重量和长度编组，即列车编组必须符合《技规》关于机车车辆编入列车的技术条件、编挂限制、编挂数量和编挂位置等要求；必须符合列车编组计划的编组内容和编挂要求；必须符合列车运行图规定的重量及长度标准。

列车重量应根据机车牵引力、区段内线路状况及其设备条件确定。编组超重列车时，编组站、区段站应征得机务段调度员同意，在中间站应得到司机的同意，并均须经列车调度员准许。

列车长度应根据运行区段内各站到发线的有效长，并需预留 30 m 的附加制动距离确定。

开行超长列车、欠轴列车、超限列车、单机挂车以及违反列车编组计划的列车，均须取得列车调度员的命令准许。

动车组以外的旅客列车按列车编组表编组，机车后第一位编挂一辆未搭乘旅客的车辆作为隔离车。行李车、邮政车、发电车等非乘坐旅客的车辆应分别挂于机车后第一位和列车尾部，起隔离作用；在装设集中联锁的区段，并设有列车运行监控装置时，旅客列车可不挂隔离车。当隔离车在途中发生故障摘下时，可无隔离车继续运行。局管内旅客列车经铁路局长批准，可不隔离。

（二）列车分类及等级

在运输生产工作中根据需要和服务对象，每列列车分别担负不同的运输任务，从而分为不同的种类；根据运输任务的轻重缓急，列车又分为不同的等级。在行车工作中，正常情况下必须依照列车的等级顺序放行列车、调整列车运行秩序。在编制列车运行图、制订日常列车运行计划及进行调度调整时,也必须统筹兼顾,妥善安排。

为适应旅客和货物运输的不同需要,列车按运输性质的分类和列车运行等级顺序介绍如下。

1. 按运输性质分类

1) 旅客列车

旅客列车是以客车(包括动车组)编组,为运送旅客、行李、包裹、邮件的列车。旅客列车包括动车组列车,特快列车、快速列车、普通旅客列车,旅游列车,临时旅客列车,通勤列车等。

2) 特快货物班列

特快货物班列是指使用行李车或邮政车等客车车辆,根据需要编组,整列装载行李、包裹和邮件等的列车。特快货物班列在固定发到站间,有固定的车次和运行线、明确的开行周期和运行时刻,按客车化模式组织开行。从装车站到卸车站全程紧密衔接,确保快捷、及时运送行李、包裹、邮件等。

3) 军用列车

军用列车是指专为输送军事人员或军用物资而开行的列车。以客车(含自备客车、代用客车)编成的军用列车(空客车底除外),接发列车和运行按旅客列车办理。

4) 货物列车

货物列车是为运送货物和派送空货车开行的列车,包括快速货物班列、"五定"班列及快运、直达、直通、区段、摘挂、小运转、超限、重载、冷藏、自备车列车等。

(1) 快速货物班列:使用专用货车(如 P_{65} 等)运送行包等的列车。

(2) "五定"班列:定点、定线、定车次、定时、定价的货物列车,即在货运量较大的货运站间开行,发到直达、运行线全程贯通、车次全程不变、发到时刻固定,以车或箱为单位报价的货物列车。

(3) 快运货物列车:以快速客运系统的线路条件为基础,采用运行速度 120 km/h 的专用车辆,按旅客列车的形式,以高附加值货物为重要运输对象的快速列车。

(4) 直达货物列车:在技术站编组,通过一个及以上编组站不进行改编作业的列车。在装车站编组的列车,称为始发直达列车;在技术站(编组站和区段站的总称)编组的列车,称为技术直达列车。

(5) 直通货物列车:在技术站编组,通过一个及以上区段站不进行改编作业的货物列车。

(6) 区段货物列车:在技术站编组并到达相邻技术站,在区段内不进行摘挂作业的货物列车。

(7) 摘挂货物列车:在技术站编组并到达相邻技术站,在区段内的中间站进行摘挂作业的货物列车。

(8) 小运转列车:在技术站和邻接区段规定范围内的几个车站间开行的列车,称为区段小运转列车;在枢纽内各站间开行的列车称为枢纽小运转列车。二者统称为小运转列车。

(9) 超限货物列车:挂有装载超限货物车辆的货物列车。

(10) 重载货物列车:牵引重量超过 5 000 t 的货物列车。

(11)冷藏列车：利用机械冷藏车专门运送鲜活、易腐等需要保持特定温度的货物的列车。

(12)自备车列车：为运输大宗、固定的货物往返运行于特定区段内，全部以企业自备车编组而成货物列车。

5）路用列车

不以营业为目的，专为运送铁路自用物资或设备而开行的列车，如试验列车，运送铁路器材、路料的列车，因施工、检修需要开行的轨道车，接触网作业车，大型养路机械车组等。

货物列车按其组织地点及运行距离分类，如图1-1所示。

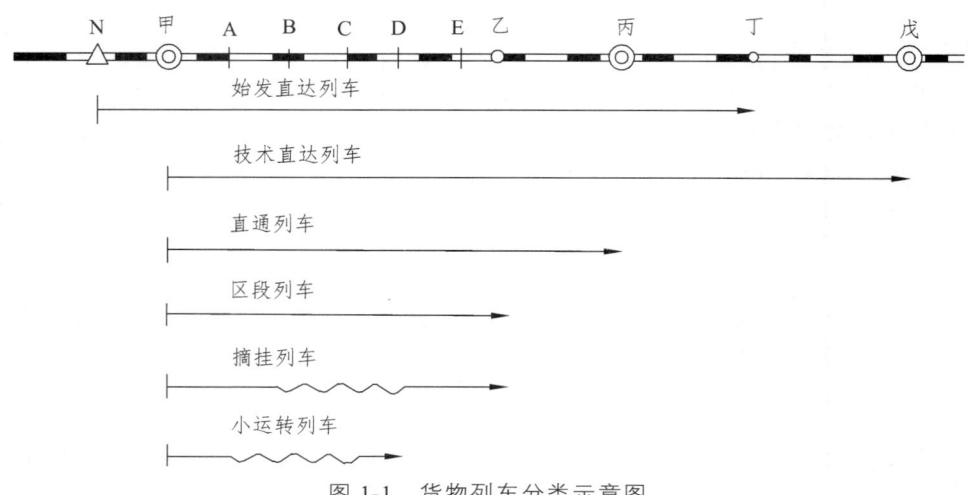

图1-1 货物列车分类示意图

2. 列车运行等级顺序

根据我国铁路列车分类，为适应技术设备条件、满足客货服务水平，在编制列车运行图、制订日常列车运行计划及列车调度员调整列车的运行秩序时，需要考虑列车的等级顺序。

1）动车组列车

动车组列车为固定编组，运行速度和行车要求比其他列车高。

2）特快旅客列车

特快旅客列车一般运行于大城市之间，停站少且旅行速度快，最高运行速度达到160 km/h。

3）特快货物班列

特快货物班列使用最高允许速度达到160 km/h的机车和行邮车底，按特快旅客列车运行标尺运行。

4）快速旅客列车

快速旅客列车一般运行于大中城市之间，停站较少且旅行速度较快，最高运行速度为120 km/h～160 km/h。

5）普通旅客列车

普通旅客列车一般运行于城乡之间，停站较多，方便各地群众乘降，最高运行速度不超过120 km/h。

6）军用列车

军用列车是为运送军事人员和军用物资的专用列车。

7）货物列车

货物列车是为运送铁路承运的各类货物或派送空货车的列车。

8）路用列车

路用列车是专为完成铁路本身任务而开行的列车。

由于自然灾害、设备故障或铁路交通事故等，须开往事故现场救援、抢修、抢救的列车，包括救援列车和除雪机等，应优先办理，不受列车等级的限制。

由于特殊目的开行的列车，如专列或其他列车等，因其性质及任务不同，缓急程度不同，应根据具体情况在指定开行时确定其等级。

（三）列车运行方向及列车车次

1. **列车运行方向**

1）列车上下行方向的规定

列车运行，原则上以开往北京方向为上行，车次编为双数；远离北京方向为下行，车次编为单数。在支线上运行的列车以开往干线为上行，车次编为双数；以远离干线为下行，车次编为单数。

全国各线的列车运行方向，与开往或远离北京不明显的一些线路上，以铁路总公司的规定为准，但枢纽地区往往有若干条支线、联络线和环线，列车运行方向较为复杂。而且枢纽地区的线路和车流情况各不相同，因此由铁路局规定。

在个别区间可能出现同一方向列车有上行、下行两种车次的情况，为便于掌握，使用直通车次时，可与规定方向不符。

例如，如图 1-2 所示，天津至天津北站间出现同一方向，有开往北京的上行列车和开往济南的下行列车两种情况，为便于掌握，这些列车仍使用原车次。

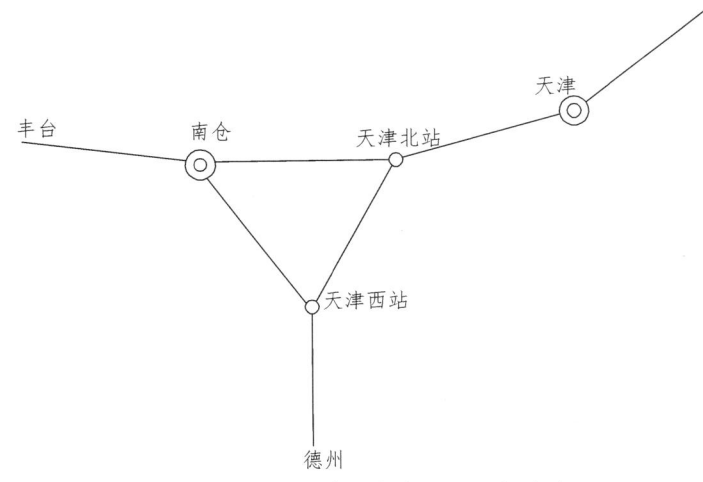

图 1-2　同一径路方向有不同运行方向

2）列车正、反方向运行的规定

我国铁路列车在区间运行时，采用左侧行车制，即列车在区间运行时，牵引机车司机的位置及铁路信号的设置位置均在列车运行方向的左侧（特殊情况除外，如既有线改造时有的线路双线反方向的进站信号机设于右侧）。

在单线区段，双向运行，即上、下行列车在同一条区间正线上往复运行，铁路信号分别设置在上下行列车运行方向的左侧。在双线区段单向运行，即上、下行列车分别固定在左侧正线（上行列车走上行线，下行列车走下行线）上运行。列车在双线区段运行时，以左侧单方向运行，这个方向称为双线正方向行车；反之，称为反方向行车，如图1-3所示。

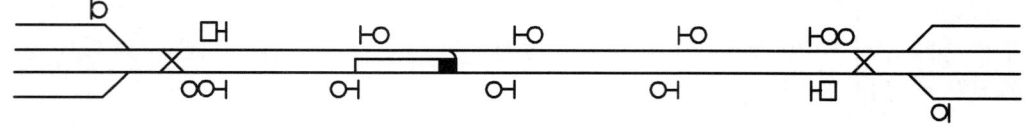

图1-3　列车反方向运行示意图

双线反方向行车属于非正常行车，在安全和效率上都有不利因素。因此，在双线区间，列车应按左侧正方向运行。仅限于整理列车运行时，方可使列车反方向运行，但旅客列车仅在正方向区间的线路封锁施工、发生自然灾害或因事故中断行车等特殊情况下，经铁路局调度所值班主任准许，列车调度员发布调度命令，方可反方向运行。

2. 列车车次范围

为便于组织铁路运输的各项工作，各类列车均应有固定车次范围，每一列车均应编有相应的车次。根据车次，可以辨别该次列车的种类、性质、等级和运行方向。我国铁路现行的列车车次编定，如表1-1所示。

表1-1　列车车次编定表

顺号	列车分类			规定车次	顺号	列车分类	规定车次
一	旅客列车					（3）中欧、中亚集装箱班列，铁水联运班列	
1	高速动车组旅客列车			G1～G9998	1	中欧、中亚集装箱班列（120 km/h）	X8001～X8998
	其中	直通		G1～G4998		中亚集装箱（普通货车）	X9001～X9500
		管内		G5001～G9998		水铁联运班列（普通货车）	X9501～X9998
2	城际动车组旅客列车			C1～C9998		（4）普快货物班列	80001～81998
3	动车组旅客列车			D1～D9998	2	煤炭直达列车	82001～84998
	其中	直通		D1～D4998	3	石油直达列车	85001～85998
		管内		D5001～D9998	4	始发直达列车	86001～86998
4	直达特快旅客列车(160 km/h)			Z1～Z9998	5	空车直达列车	87001～87998
	其中	直通		Z1～Z4998	6	技术直达列车	10001～19998
		管内		Z5001～Z9998	7	直通货物列车	20001～29998
5	特快旅客列车（140 km/h）			T1～T9998	8	区段货物列车	30001～39998
	其中	直通		T1～T3998	9	摘挂列车	40001～44998
		管内		T4001～T9998	10	小运转列车	45001～49998

续表

顺号	列车分类			规定车次	顺号	列车分类			规定车次
6	快速旅客列车（120 km/h）			K1～K9998	11	重载货物列车			71001～77998
	其中	直通		K1～K4998	12	自备车列车			60001～69998
		管内		K5001～K9998	13	超限货物列车			70001～70998
7	普通旅客列车（120 km/h）			1001～7598	14	保温列车			78001～78998
	（1）普通旅客快车			1001～5998	四	军用列车			90001～91998
	其中	直通		1001～3998	五	单机和路用列车			
		管内		4001～5998	1	单机			50001～52998
	（2）普通旅客慢车			6001～7598		其中	客车单机		50001～50998
	其中	直通		6001～6198			货车单机		51001～51998
		管内		6201～7598			小运转单机		52001～52998
8	通勤列车			7601～8998	2	补机			53001～54998
9	临时旅客列车（100 km/h）			L1～L9998	3	动车组检测、确认列车			
	其中	直通		L1～L6998		（1）动车组检测列车			DJ1～DJ8998
		管内		L7001～L9998		300 km/h 检测列车			DJ1～DJ998
10	旅游列车			Y1～Y998		250 km/h 检测列车			DJ1001～DJ1998
	其中	直通		Y1～Y498		（2）动车组确认列车			DJ5001～DJ8998
		管内		Y501～Y998	4	试运转列车			55001～55998
二	特快货物班列（160 km/h）			X1～X198		其中	普通客、货列车		55001～55300
三	货物列车						300 km/h 动车组		55301～55500
	快运货物列车						250 km/h 动车组		55501～55998
1	（1）快速货物班列（120 km/h）			X201～X398	5	轻油动车、轨道车			56001～56998
	（2）货物快运列车（120 km/h）		直通	X2401～X2998	6	路用列车			57001～57998
			管内	X401～X998	7	救援列车			58101～58998

（四）列尾装置

1. 作　用

列车尾部装置（简称列尾装置）可使机车乘务员能够及时准确地掌握列车尾部风压。当列车主管风压非正常泄漏低于规定限值时，该设备自动报警；当车辆折角塞门被意外关闭时，机车乘务员可操纵列车尾部装置进行尾部排风制动，以防止列车"放飚"事故的发生。该设备还可兼作列车昼夜尾部标志。

2. 编挂规定

动车组以外的旅客列车应安装列尾装置。旅客列车列尾装置是保证列车运行安全的重要装备，因此规定动车组以外的旅客列车均应安装列尾装置。旅客列车安装列尾装置后，原运转车长需要保留的部分职能分别由司机、车辆乘务员、车站人员担当。在特殊情况下，无法安装或使用列尾装置时，应另行制定具体办法。

半自动闭塞区间没有列车占用检查设备，因此规定半自动闭塞区段货物列车尾部须挂列尾装置。其他区段应根据线路实际情况确定货物列车是否挂列尾装置。自动闭塞、自动站间闭塞区段不挂列尾装置时，如其中有个别区间为半自动闭塞时，为统一行车组织方式，货物列车在该区间可不挂列尾装置，但应有其他确认列车完整到达车站的手段。货物列车尾部未挂列尾装置时，为便于作业人员确认列车完整，规定以吊起尾部车辆软管代替尾部标志。对有列检作业的列车，因列检需进行列车自动制动机的试验等作业，为提高作业效率，规定尾部车辆软管的吊起，有列检作业的列车由列检人员负责；对无列检作业的列车，则由车务人员负责。

二、相关实践技能

（一）识别列车标志

列车根据其种类及运行的线路和方向，在头部和尾部分别显示不同的列车标志。列车标志的显示方式，昼间与夜间相同，但昼间不点灯，其显示方式如下：

（1）列车在双线区段正方向及单线区段运行时，机车前端一个头灯及中部右侧一个白色灯光，如图1-4所示。列车尾部两个侧灯，向后显示红色灯光，向前显示白色灯光；挂有列尾装置时，列尾装置向后显示红白相间的反射标志和一个红色闪光灯光，如图1-5所示。

图1-4 列车头部标志

图 1-5　列车尾部标志

（2）列车在双线区段反向运行时，机车前端一个头灯及中部右侧一个红色灯光，如图 1-6 所示；列车尾部标志与（1）同。

（3）列车推进运行时，列车前端两个侧灯，向前显示红色灯光，向后显示白色灯光；挂有列尾装置时，列尾装置向前显示红白相间的反射标志和一个红色闪光灯光，如图 1-7 所示；机车后端中部左侧显示一个红色灯光，如图 1-8 所示。

图 1-6　反方向运行列车头部标志

图 1-7 推进运行列车前端标志

列车在双线区段正向推进运行时,列车前端向前显示左侧一个红色灯光,右侧一个白色灯光,向后显示左侧一个白色灯光,如图 1-8 所示;挂有列尾装置时,列尾装置显示红白相间的反射标志和一个红色闪光灯光,如图 1-9 所示。

图 1-8 推进运行列车后端标志

图 1-9 双线正方向推进列车后端标志

（4）列车后部挂有补机时，机车后部标志与（3）同。

（5）单机在双线区段正方向及单线区段运行时，机车前部标志与（1）同；后部标志与（3）同。

（6）单机在双线区段反方向运行时，机车前端标志与（2）同；后部标志与（3）同。

（7）调车机车及机车出入段时，机车前部标志与（1）同；机车后端中部左侧显示一个白色灯光，如图 1-10 所示。

（8）重型轨道车运行时，前端一个白色灯光，后端一个红色灯光，如图 1-11 所示。

图 1-10 调机及机车出入段后端标志

图 1-11 重型轨道车列车标志

【实训练习】

1. 以接发列车人员的角色,识别各种列车尾部标志。
2. 根据教师给出的列车车次,识别列车的性质、运行方向、等级。

任务二　接发列车工作认知

一、相关知识

（一）接发列车作业应执行的规章

1. 铁路技术管理规程

《铁路技术管理规程》（以下简称《技规》）依据《中华人民共和国铁路法》《铁路运输安全保护条例》等有关法律、法规以及相关铁路规章和技术标准等制定，是国家铁路技术管理的基本规章。

《技规》包括普速铁路和高速铁路两部分。普速铁路部分适用于 200 km/h 以下的铁路（仅运行动车组列车的铁路除外）；高速铁路部分适用于 200 km/h 及以上的铁路和 200 km/h 以下仅运行动车组列车的铁路；200 km/h 客、货共线铁路有关货运技术设备的要求参照普速铁路部分执行。

《技规》规定了铁路的基本建设、产品制造、验收交接、使用管理及保养维修方面的基本要求和标准；规定了各部门、各单位、各工种在从事铁路运输生产时必须遵循的基本原则、责任范围、工作方法、作业程序和相互关系；规定了信号的显示方式和执行要求；明确了铁路工作人员的主要职责和必须具备的基本条件。

2. 行车组织规则

《行车组织规则》（以下简称《行规》）是各铁路局为实施《技规》规定的行车组织原则和办法，针对本局技术设备、运输特点和工作水平的具体条件制定的行车组织办法。其主要内容包括：《技规》规定由各铁路局自行规定的事项；《技规》未作统一规定，又不宜由站、段等基层单位自行补充规定的行车办法；根据铁路局管内特殊地段的平、纵断面情况，信号、联锁、闭塞设备和机车类型等特点，对行车应规定的特殊要求和注意事项；本局在生产实践中普遍推广的先进经验和行之有效的安全生产措施等。

3. 车站行车工作细则

《车站行车工作细则》（以下简称《站细》）是车站贯彻执行《技规》和《行规》，加强车站技术管理、保证安全高效地进行行车组织工作的重要技术文件。其主要内容包括：车站的性质、等级和任务；车场用途及调车区划分，线路、道岔、调车设备，信号、联锁、闭塞设备，通信、照明、供电、给水设备，客、货运输设备的设置数量、使用条件和管理负责制；车站日常作业计划编制、执行及生产管理制度；车站接发列车工作、调车工作及与行车有关的客运、货运、军事运输工作组织；车站各项技术作业过程和时间标准；装卸时间标准，货物作业停留时间，中转停留时间标准；车站通过能力和改编能力，以及其他有关事项和要求；并附注有坡度的车站线路平面图、进站信号机外制动距离内平纵断面图、联锁图表及电气化区段接触网高度和分相分段绝缘器位置等资料。

4. 铁路运输调度规则

《铁路运输调度规则》(以下简称《调规》)明确了运输调度的组织机构、职责范围、工作制度和调度工作设备配置的基本要求，规定了运输调度日常工作必须遵循的基本原则、责任范围、工作方法、作业程序和相互关系，明确了运输调度人员招聘(选拔)、培训的基本条件和基本要求。

《调规》是各级运输调度管理的基本规则和工作标准。铁路各级运输调度及有关部门制定的规则、细则、标准和办法等，必须符合《调规》的规定。

铁路运输调度是铁路日常运输组织的指挥中枢，分别代表各级领导组织指挥日常运输工作。各级运输调度和运输有关人员对《调规》必须认真学习，严格执行。

5. 铁路交通事故调查处理规则

《铁路交通事故调查处理规则》(以下简称《事规》)是中国铁路总公司(原铁道部)根据国务院颁布的《铁路交通事故应急救援和调查处理条例》进行制定的，适用于国家铁路、合资铁路、地方铁路以及专用铁路、铁路专用线等发生事故的调查处理。

《事规》明确了凡是铁路机车车辆在运行过程中发生冲突、脱轨、火灾、爆炸等影响铁路正常行车的事故，包括影响铁路正常行车的相关作业过程中发生的事故，或者铁路机车车辆在运行过程中与行人、机动车、非机动车、牲畜及其他障碍物相撞的事故，均为铁路交通事故(以下简称事故)。《事规》对事故分类和等级、事故的构成条件、事故报告、事故调查、事故责任判定和损失认定，以及事故的统计和分析等作出了具体的规定。

6. 作业标准

作业标准，是指和直接生产活动有关的作业项目或程序，在内容、顺序、质量、时限、工具、动作、态度等方面所做的统一规定。它是对生产作业人员具有约束性的准则，其中有国家制定的国家标准、铁路总公司(原铁道部)制定的行业标准、铁路局制定的局定标准、各基层站段根据本单位具体情况制定的属于站段一级的标准。

铁路行车工作常用标准有国家标准《铁路调车作业》(GB/T 7178)(以下简称《调标》)、铁道行业标准《接发列车作业》(TB/T 1500.1 至 TB/T 1500.8)(以下简称《接标》)、铁道行业标准《车机联控作业》(TB/T 3059)(以下简称《控标》)、《铁路车站行车作业人身安全标准》(以下简称《安标》)等。

除上述规章、标准外，上级下达的与行车有关的文件、电报、规则、办法、命令等也是行车规章的重要组成部分。

(二) 对行车有关人员的要求

铁路行车工作事关人民的生命和财产安全，除了严格遵守《劳动法》的有关规定外，《技规》还对行车从业人员提出了特殊要求。

1. 任职条件

铁路行车有关人员，在任职、提职、改职前，必须按照铁路职业技能培训规范要求，进行拟任岗位资格性培训，并经职业技能鉴定和考试考核，取得相应职业资格证书和岗位培训合格证书后，方可任职。

在任职期间，须按照铁路职业技能培训规范等规定，定期参加岗位适应性培训和业务考试，考试不合格的，不得继续履职。

铁路行车有关人员，在任职前必须经过健康检查，身体条件不符合拟任岗位职务要求的，不得上岗作业。在任职期间，要定期进行身体检查，身体条件不符合任职岗位要求的，应调整工作岗位。

2. 岗位及纪律要求

铁路行车有关人员必须严格遵守和执行《技规》及有关行车规章制度，在自己的职责范围内，以对国家和人民负责的态度，保证安全生产。

行车有关人员在执行职务时，必须坚守岗位，穿着规定的服装，佩戴易于识别的证章或携带相应证件，讲普通话。

铁路行车有关人员，接班前须充分休息，严禁饮酒，如有违反，立即停止其所承担的任务。

驾驶机车、动车组、自轮运转特种设备的人员，必须持有国家铁路局颁发的驾驶证。变更驾驶机（车）型前，必须经过相应的技术培训并考试合格。

实习和学习驾驶机车、动车组、自轮运转特种设备和操纵信号或重要机械、设备及办理行车作业的人员，必须在正式值乘、值班人员的亲自指导和负责下，方准操作。

对行车有关人员，应进行日常安全生产知识和劳动纪律的教育、考核，并有计划地组织好在职人员的日常政治和技术业务学习。

铁路各单位对遵守规章制度成绩突出者，应予以表扬或按有关规定给予奖励；对违反者，应视其违反程度和造成事故的性质、情节及后果，应进行教育、给予纪律处分。

（三）行车工作原则

行车工作必须坚持集中领导、统一指挥、逐级负责的原则。

铁路行车工作是由多部门、多工种联合进行的，并且是连续不间断的。一个列车往往要经过几个区段，甚至几个铁路局才能到达目的地。若分散领导，多头指挥，各行其是，必然造成行车工作上的混乱和错误，不仅会影响正常工作，降低效率，甚至可能发生行车事故，造成重大损失。为使行车各部门、各工种能够步调一致，协调动作，保证安全、迅速、正确、及时地完成运输任务，从而规定行车工作必须坚持集中领导、统一指挥、逐级负责的原则。

（1）局与局间由铁路总公司统一指挥，局管内各区段间由铁路局统一指挥，一个调度区段内（即调度台的管辖范围）由本区段列车调度员统一指挥。

铁路运输调度工作，实行分级管理、统一指挥的原则。铁路总公司调度指挥中心负责全路、铁路局调度所负责本局的日常调度指挥工作。铁路总公司、铁路局各工种调度及有关人员分别由值班处长、值班主任统一指挥。

列车调度员是一个调度区段的日常运输工作的具体组织者、指挥者，负责组织按图行车、应急处置，以及完成运输工作的数量指标和质量指标。所以，本调度区段有关行车人员均应严格执行列车调度员的命令和口头指示。

（2）车站由车站值班员统一指挥，线路所由线路所的车站值班员统一指挥。凡划分车场的车站，各车场由该车场的车站值班员统一指挥；车场间接发列车进路互有关联的行车事项，由指定的车站值班员统一指挥。

车站行车工作由车站值班员、线路所由线路所的车站值班员统一指挥，他们直接掌握列车运行与到发线运用情况，有利于保证安全和不间断地接发列车。当一个车站设有几个办理接发列车的车场时，各车场一般独自设有联锁设备，单独办理相应的接发列车进路，这样的车站在各车场都可以分别设车站值班员，单独指挥本车场的行车工作。若各车场间接发列车进路互相关联，各车场车站值班员除负责指挥本车场行车工作外，遇有与其他车场相关联的行车工作时，还必须服从指定的车站值班员的统一指挥。车站应明确划分各车场车站值班员的行车工作职责。

（3）列车和单机由司机负责指挥。列车或单机在车站时，所有乘务人员应按车站值班员的指挥进行工作。

司机的主要职责是对列车安全正点运行负责。如遇列车在区间被迫停车、分部运行等情况时，应与列车调度员或有关车站联系，正确组织列车防护、救援等工作。

当列车或单机在车站时，因司机不可能全面了解车站作业、列车运行及设备使用等情况，规定所有乘务人员应服从车站值班员的指挥。

（4）在调度集中区段，调度集中控制车站有关行车工作由该区段列车调度员直接指挥；但转为车站控制时，由车站值班员指挥。

在调度集中（CTC）区段，列车调度员可以利用设备直接操纵调度集中控制车站的道岔和信号，可以随时了解区段内进路、道岔、信号和列车运行等情况。因此规定在调度集中区段，调度集中控制车站有关行车工作由该区段列车调度员直接指挥。但是，当调度集中设备转为车站控制时，车站的道岔和信号只能由车站值班员操纵，在这种情况下，车站的行车工作由车站值班员指挥。

（四）行车指挥

有关行车人员必须执行列车调度员命令，服从调度指挥。

指挥列车运行的命令（运行揭示调度命令除外）和口头指示，只能由列车调度员发布。列车调度员在发布命令之前，应详细了解现场情况，并听取有关人员意见。

遇表1-2所列情况，须发布调度命令。

表1-2 行车调度命令项目表

顺序	命 令 项 目	受令者	
		司机	车站值班员
1	封锁、开通区间		○
2	向封锁区间开行救援列车、路用列车	○	○
3	临时变更或恢复原行车闭塞法	○	○

续表

顺序	命 令 项 目	受令者 司机	受令者 车站值班员
4	双线反方向行车、由双线改为单线或恢复双线行车	○	○
5	变更列车径路	○	○
6	发出在区间内停车或由区间返回的列车	○	○
7	开往区间内岔线的列车	○	○
8	发出临时由区间内返回后部补机的列车	○	○
9	列车需临时降弓运行	○	○
10	因行车设备故障、灾害或施工,以及列车中挂有限速的机车车辆等,需要使列车临时限速运行(纳入运行揭示调度命令或本务机车、动车组自身设备原因限速时除外)	○	○
11	动车组列车空调失效需打开部分车门限速运行	○	○
12	车站使用故障按钮、总辅助按钮		○
13	超长列车或列车挂有装载超限货物的车辆	○	○
14	单机附挂车辆	○	○
15	半自动闭塞区间,超长列车头部越过出站信号机(未压上出站方面的轨道电路)发车	○	○
16	在非到发线上接发列车	○	○
17	调度日(班)计划以外,临时加开或停运列车(单机除外)	○	○
18	双线区间在区间内进行跨线装卸作业时,对开入其邻线的列车	○	○
19	双线区间在区间内有除雪机、起重机工作时,对开入其邻线的列车	○	○
20	双线区间在区间内发生冲突、脱轨、火灾、爆炸事故,对开入其邻线的列车	○	○
21	列尾装置故障(丢失)的货物列车继续运行	○	○
22	改按天气恶劣难以辨认信号的办法行车或恢复正常行车	○	○
23	动车组列车转入或退出隔离模式(被救援时除外)	○	○
24	动车组列车在列控车载设备控车和列车运行监控装置控车之间人工转换	○	○
25	临时利用本务机车调车作业	○	○
26	利用天窗施工、维修作业		○
27	施工、维修作业较指定时间延迟结束		○
28	运行揭示调度命令与实际限速、行车方式或设备不符时	○	○
29	正线、到发线接触网停电或送电(接触网倒闸、跳闸后试送电、向中性区送电或弓网故障排查除外)		○

续表

顺序	命 令 项 目	受令者	
		司机	车站值班员
30	正线、到发线接触网停电后准许登顶作业	○	○
31	双管供风旅客列车运行途中改为单管供风	○	○
32	列车调度员认为有必要记录的上述以外的命令	有关人员	

注：① 划○者为受令人员。
② 天窗维修作业在指定的时间内完成并销记后，列车调度员不再发布维修作业结束恢复行车的调度命令。
③ 动车组列车改按列车运行监控装置方式运行需将列控车载设备隔离时，列车调度员仅发布改按列车运行监控装置方式行车的调度命令。
④ 因调车作业动车组控车模式转换，不发布调度命令。自动站间闭塞法行车转为半自动闭塞法行车及转回的调度命令，可不发给司机。

上述调度命令如涉及其他单位和人员时，应同时发给。

列车调度员向司机发布调度命令时，应在列车进入关系区间（车站）前向司机发布或指定车站向司机交付，若来不及时，应使列车停车进行发布或交付。

对于需向司机发布的调度命令，列车调度员可使用调度命令无线传送系统或按规定使用语音记录装置良好的列车无线调度通信设备向司机发布。由车站交付的调度命令，车站值班员可使用调度命令无线传送系统或按规定使用语音记录装置良好的列车无线调度通信设备向司机转达。

对跨局的列车，接车铁路局列车调度员可委托发车铁路局列车调度员发布调度命令。更换机车或变更限速条件时，应由有关铁路局列车调度员重新发给相关调度命令。途中乘务人员换班时，应将调度命令内容交接清楚。

使用计算机、传真机、调度命令无线传送系统发布调度命令时，命令接受人员确认无误后应及时反馈回执。使用电话发收调度命令时，应填记《调度命令登记簿》，指定受令人员中一人复诵，并记明发收人员姓名及时刻。

（五）接发列车工作的意义

接发列车工作是车站行车工作的重要组成部分，也是保证列车按运行图安全正点运行，保证铁路畅通的关键环节。

在运输生产活动中，所有列车都须经过办理发车和接车作业才能从车站进入区间运行或接入站内进行各项技术作业。

接发列车是车站（线路所）根据行车闭塞方式及技术设备条件，按照规定的程序，办理列车接、发、通过的作业过程。

接车作业指接车站从承认邻站发车时起至列车全部到达本站停于警冲标内方并办完开通区间有关作业为止的一段时间内所办理的全部作业。

发车作业指发车站从向邻站请求发车（双线为预告发车）时起至列车全部开出站界并办完有关作业为止的一段时间内所办理的全部作业。

按照列车运行图规定的时刻，安全、正点、不间断地接发列车是车站行车工作的主要任务，也是列车运行安全正点的重要保证。为保证车站接发列车作业的安全，参加接发列车工作的有关人员都必须认真按中国铁路总公司部颁发的《接发列车作业标准》所规定的程序和用语办理接发列车作业。

（六）接发列车作业内容及人员分工

接发列车是车站行车工作的基本内容。不间断地接发列车，严格按运行图行车，是车站的基本任务之一，也是列车运行安全正点的重要保证。

车站的行车工作由车站值班员统一指挥，因此，接发每一列车都应由车站值班员负责组织、统一指挥。在接发列车的各项工作中，车站值班员应亲自办理闭塞、布置进路（包括听取进路准备妥当的报告）、开闭信号、交接凭证、接送列车、发车。因为这些程序是接发列车的重要环节，都是与列车安全出入车站和在区间安全运行有密切关系的重要工作，所以应由车站值班员亲自办理。

由于设备条件（如设备分散，无集中控制设备）或业务量（如行车方向多或列车到发多）的关系，车站值班员亲自办理确有困难时，除最关键的布置进路（包括听取进路准备妥当的报告）这一程序外，其他各项工作可在车站值班员统一指挥下，分别指派助理值班员、信号员或扳道员办理。其作业分工应在《站细》内规定。

由于参加接发列车工作的人员（车站值班员、助理值班员、信号员，在非正常情况接发列车时，还有扳道员、进路检查员、引导员等）较多，作业环节复杂，在接发列车工作中的任何疏忽或差错都可能造成列车晚点或铁路交通事故，甚至涉及其他列车或车站，影响运输全局。因此，所有接发列车工作人员，必须认真执行中华人民共和国铁道行业标准《接发列车作业》（TB/T 1500.1 至 TB/T 1500.8）所规定的程序和用语，贯彻集中领导、统一指挥和逐级负责的原则，并在各项作业中严格执行《技规》《行规》《站细》《调规》《控标》《安标》等行车规章的有关规定，做到安全、迅速、不间断地接发列车，严格按运行图行车。

（七）接发列车作业程序

根据行车闭塞方式及联锁设备类型的不同，接发列车作业的内容和作业程序有所不同，一般主要有办理闭塞（预告）、布置与准备进路、开放信号或交接凭证、接送列车、发车、开通区间及报点等。

接发列车作业必须在两个相邻车站（或线路所）的设备和作业人员的相互配合下才能实施完成。以单线半自动闭塞集中联锁车站为例，接发列车作业的程序，如图1-12所示。

（八）相对方向同时接车和同方向同时发接列车

相对方向同时接车和同方向同时发接列车是车站接发列车作业中经常遇到的情况。车站值班员应深刻理解其含义，正确判断相对方向同时接车和同方向同时发接列车的条件，把握安全关键，确保接发列车作业安全。

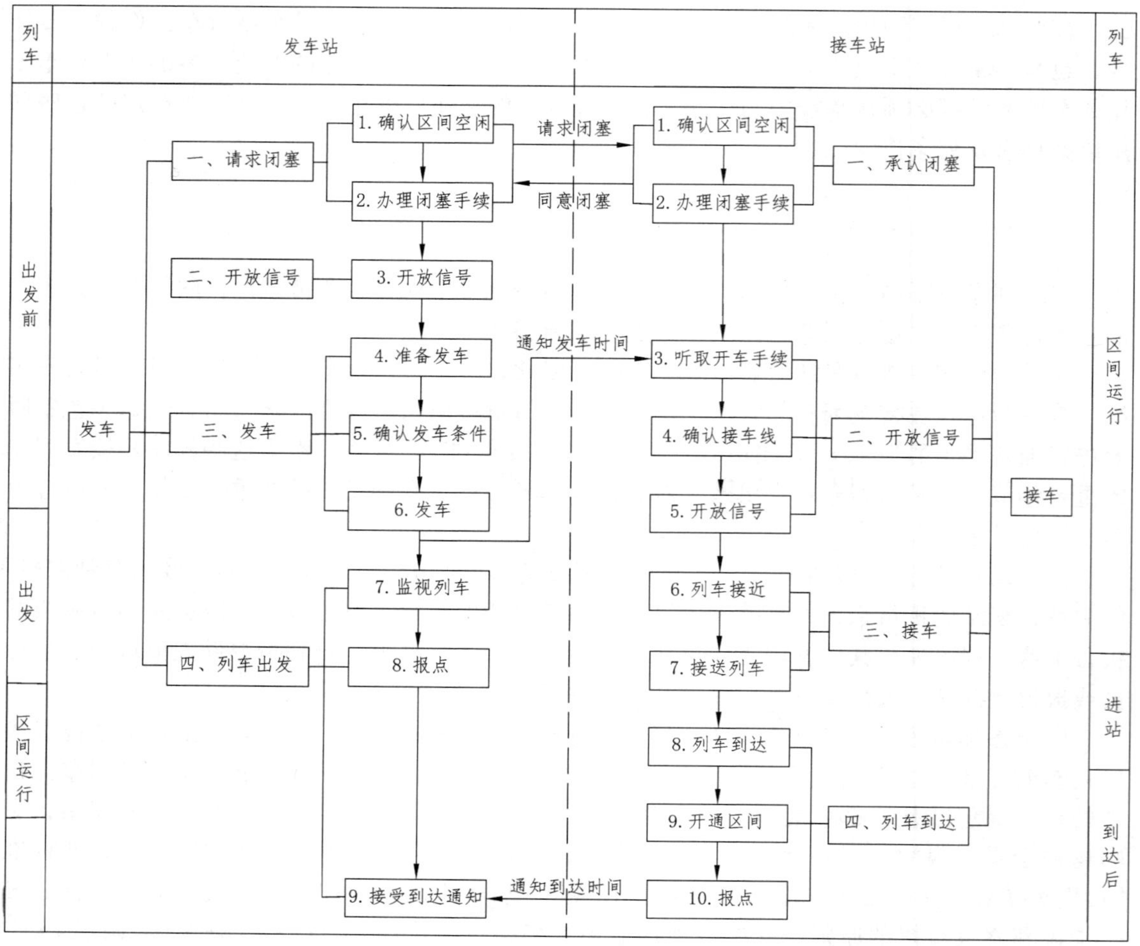

图 1-12 接发列车作业程序图

1. 基本概念

1）相对方向同时接车

相对方向同时接车，是指自车站一端开放进站信号机至该列车全部进入接车线警冲标内方停妥的时间内，又开放另一端的进站信号机，接入相对方向的列车，如图 1-13 所示。

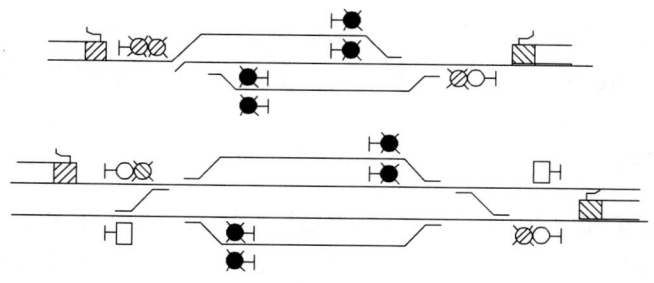

图 1-13 相对方向同时接车示意图

2）同方向同时发接列车

同方向同时发接列车，是指自车站一端开放出站（进站）信号机至该列车全部出站（进入接车线警冲标内方停妥）的时间内，又开放另一端进站（出站）信号机，接入（发出）相同方向的列车，如图1-14所示。

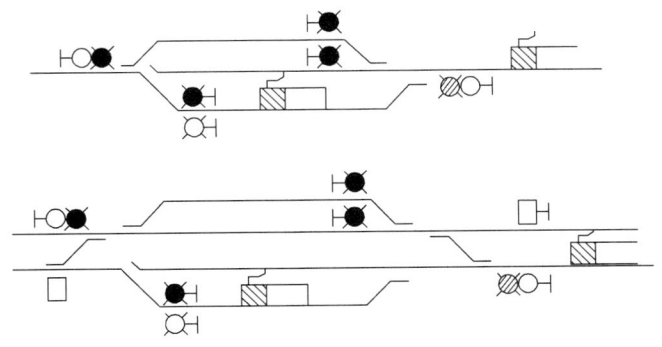

图1-14　同方向同时发接列车示意图

必须指出的是，以上所讲的概念中"开放进站信号机"，也包括开放接车进路信号机或显示引导信号；"开放出站信号机"，也包括开放发车进路信号机或出站信号机故障及在未设出站信号机的线路上发车等使用书面凭证发车时显示发车信号。

这里的"同时"，指一趟列车的接发列车作业过程未完，而另一趟列车的接发列车作业过程又开始，在时间上构成重叠。一趟列车的作业过程是否完成，一定要有现场有关人员的确认汇报。特别是6502继电联锁的车站，不能单凭控制台接车股道上红光带由长变为两节红光带就断定列车已经到达。因为股道显示两节红光带，仅仅表示列车尾部过标，并不表示列车在到发线完全停妥。既然未完全停妥，接车的作业过程就没有完成，此时开放相对方向进站信号机或同方向出站信号，就是同时办理。

3）隔开设备

隔开设备，是指能将一条进路与另一条进路隔离开，使两条进路的接发车或调车作业彼此不干扰的设备。隔开设备包括安全线、避难线及平行进路和能起隔开作用的有联锁的防护道岔。

2. 禁止办理相对方向同时接车和同方向同时发接列车的情况

相对方向同时接车和同方向同时发接列车在车站接发车工作中经常遇到。它对于避免列车机外停车、压缩会车间隔时间和列车停站时间、提高区间通过能力和列车旅行速度，都有好处。列车司机按信号显示行车，使列车停在规定位置是对司机的起码要求。但在车站接发列车工作中，由于司机操纵不当或其他原因，相对方向同时接车时，当一端列车未全部进入接车线警冲标内方，而另一端列车越过接车线末端警冲标，若无隔开设备，就有发生冲突的可能；同方向同时发接列车时，当发出列车尚未全部驶出车站，而另一端进站列车越过接车线末端的警冲标，若无隔开设备，也可能发生冲突。因此，为保证车站接发列车的效率和作业安全，避免发生事故，必须根据车站站外线路坡度情况、接车线末端隔开设备情况及列车的性质等作出限制性规定。

《技规》规定，下列情况，禁止办理相对方向时接车和同方向同时发接列车。

（1）进站信号机外制动距离内，进站方向为超过 6‰ 的下坡道，而接车线末端无隔开设备，如图 1-15 所示。

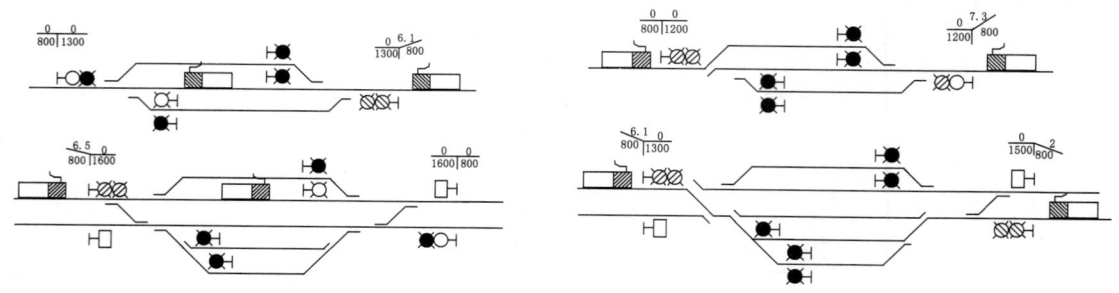

（a）禁止相对方向同时接车示意图　　　　（b）禁止同方向同时发接列车示意图

图 1-15　线路条件限制禁止相对方向同时接车及同方向同时发接列车示意图

根据计算和实验证明，列车在超过 6‰ 的下坡道运行时，下滑力超过运行阻力，即使无动力运行，运行速度也会增大。如司机不能正确施行制动，列车进站时可能越过接车线末端警冲标。若接车线末端无隔开设备，就有可能与正在进站的对向列车或正在出站的同向列车发生冲突。因此，必须禁止办理。

进站信号机外制动距离内的坡度为换算坡度，即平均坡度减去曲线阻力的当量坡度。超过 6‰ 的坡度由工务部门提供，在铁路局《行规》内公布。电务部门设计此类车站联锁条件时，有关信号应按敌对信号设计，使之不能同时开放。引导接车不能控制敌对信号时，由车站值班员人工控制。

（2）在接、发旅客列车的同时，接入列车运行监控装置或轨道车运行控制设备发生故障的列车、制动力部分切除的动车组列车而接车线末端无隔开设备，如图 1-16 所示。

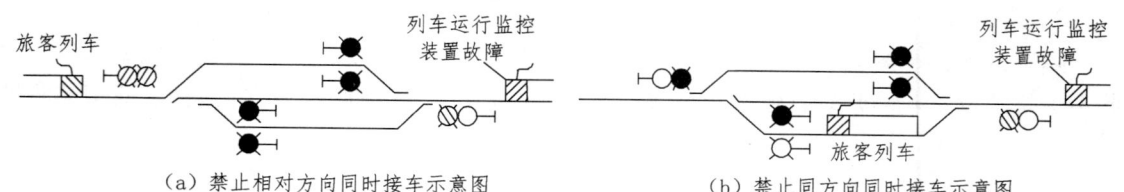

（a）禁止相对方向同时接车示意图　　　　（b）禁止同方向同时接车示意图

图 1-16　列车性质条件限制禁止相对方向同时接车及同方向同时发接列车示意图

最高运行速度不超过 160 km/h 的机车，机车信号设备与列车运行监控装置（LKJ）结合使用，轨道车等自轮运转特种设备使用轨道车运行控制设备（GYK）。列车运行监控装置（LKJ）具有监控、记录、显示及报警等功能。轨道车运行控制设备（GYK）具有轨道电路信息接收、运行监控、警醒、数据记录、语音记录及人机交互等功能。

针对全路牵引列车的机车均已安装列车运行监控装置，以及轨道车均已安装轨道车运行控制设备的情况，列车运行的安全控制装备有了很大的改善，列车可以严格按照信号机的显示运行。但列车运行监控装置或轨道车运行控制设备故障时，列车完全由司机人工控制列车运行，列车运行安全系数降低，同时，制动力部分切除的动车组列车制动能力降低，也存在一定的安全风险，机车乘务员一旦疏忽大意或操纵不当，就有越过接车线末端警冲标的可能。若接车线末端无隔开设备，就有与车站另一端进出站的列车发生冲突的可能。因此，为保证旅客列车运行安全，规定在接、发旅客列车的同时，接车线末端无隔开设备的线路上，禁止接入列车运行监控装置或轨道车运行控制设备故障的列车和制动力部分切除的动车组列车。

3. 不能同时接车和不能同时发接列车的处理

1）不能同时接车的处理

车站不能同时接车，而相对方向的两个列车同时接近车站时，应先将一个方向的列车接入站内停妥于警冲标内方后，再开放另一端进站信号机，接入另一端的列车。此时，车站值班员应选择合理的接车顺序，在确定先后顺序时，应先接入以下列车：

（1）后面有续行列车的列车。

若将该列车关在进站信号机外，很可能造成续行列车追尾机外停车的列车，发生追尾冲突事故。

（2）在站外停车后起动困难的列车。

停车后起动困难的列车一旦在进站信号机外停车，有两种可能：一是请求退行，二是请求救援或分部运行。这样不仅中断行车，干扰运行秩序，还有可能诱发行车事故。

（3）不适于在站外停车的列车。

如旅客列车被关在进站信号机外，容易造成旅客误乘降，危及人身安全。特运、专运等重点列车从保密、安全的角度出发更不宜关在进站信号机外。如遇机外有长大桥梁或隧道时，为保证桥隧安全，亦须先接入站内。

其他情况应汇报列车调度员后遵照先客后货、先快后慢的原则执行。一般可考虑：旅客列车与其他列车交会时，应先接入旅客列车；停车列车与通过列车交会时，应先接入停车列车；非超长列车与超长列车交会时，应先接入非超长列车；进站方向为下坡道的列车与进站方向为平道或上坡道的列车交会时，应先接入进站方向为平道或上坡道的列车。

2）不能同时发接列车的处理

车站不能办理同方向同时发接列车时，原则上应先接后发，也可根据列车调度员的指示办理。

先接后发是指先开放进站信号机，等接入列车在接车线警冲标内方停妥后，再开放出站信号机发出列车。先接后发有利于行车安全，因为进站列车是动态的、有速度的，司机稍微大意就有可能闯入站内；而出发列车是静态的，只要车站不发车，司机一般不会自行开车，易于控制。

车站应将不能办理相对方向同时接车和同方向同时发接列车的情况纳入《站细》。

（九）进路的变更

进路的变更可能造成车站作业紊乱，产生不安全因素。因此，进站或出站信号机开放后，其接车或发车进路不得随意变更。遇特殊情况必须变更时，应采取保证安全的措施。

如取消发车进路时，应先通知发车人员；如已开放信号或发车人员已通知司机发车，而列车尚未起动时,还应通知司机,收回行车凭证后,再取消发车进路。严禁先取消进路后通知发车人员。

变更接车进路时,应保证列车在进站信号机外不停车、不减速的情况下,方可关闭进站信号机,变更接车进路。设有接近锁闭的车站,当列车进入接近锁闭区段后,除站内临时发生情况危及行车安全外,不得变更接车进路。变更接车进路时,车站值班员应及时通知有关人员,对原规定通过的旅客列车及动车组列车、特快旅客列车还应采取前述相应的安全措施。

二、相关实践技能

(一)显示接发列车有关手信号

手信号是铁路行车有关人员在作业中进行指挥、联系等工作而广泛采用的一种视觉信号。根据行车的需要,可以机动地指挥列车运行和调车作业,也可作为联系和传达作业有关事项的旗(灯)语。行车有关人员必须认真按其显示的内容和要求执行。

1. 显示手信号的要求

1)显示要求

为确保手信号的显示正确和防止误认,行车有关人员显示手信号时,必须严肃认真,要位置适当,做到正确及时、横平竖直、灯正圈圆、角度准确、段落清晰。

2)持旗要求

在显示手信号时,凡昼间持有手信号旗的人员,应将信号旗拢起,左手持红旗,右手持绿旗(扳道员右手持黄旗)。不持信号旗的有关人员需要显示手信号时,应徒手按规定方式显示信号。

3)显示方式及意义

(1)停车信号:要求列车停车。

昼间——展开的红色信号旗;无红色信号旗时两臂高举头上向两侧急剧摇动,如图1-17(a)所示。

夜间——红色灯光;无红色灯光时,用白色灯光上下急剧摇动,如图1-17(b)所示。

(a)　　　　　　　　　　　　　　　(b)

图1-17　停车信号

（2）减速信号：要求列车降低到要求的速度。

昼间——展开的黄色信号旗；无黄色信号旗时，用绿色信号旗下压数次，如图1-18（a）所示。

夜间——黄色灯光；无黄色灯光时，用白色或绿色灯光下压数次，如图1-18（b）所示。

（a）　　　　　　　　　　　　　　　　　　（b）

图1-18　减速信号

（3）发车信号：要求司机发车。

昼间——展开的绿色信号旗上弧线向列车方面做圆形转动。

夜间——绿色灯光上弧线向列车方面做圆形转动，如图1-19所示。

（4）通过信号：准许列车由车站（车场）通过。

昼间——展开的绿色信号旗；夜间——绿色灯光，如图1-20所示。

图1-19　发车信号　　　　　　　　　　图1-20　通过信号

（5）引导手信号：准许列车进入车站或车场，列车速度不能超过20 km/h。

昼间——展开的黄色信号旗高举头上左右摇动；夜间——黄色灯光高举头上左右摇动，如图1-21所示。

（6）特定引导手信号显示方式：特定引导通过，列车速度不能超过60 km/h。

昼间——为展开绿色信号旗高举头上左右摇动；夜间——为绿色灯光高举头上左右摇动，如图1-22所示。

图 1-21　引导手信号　　　　　　图 1-22　特定引导手信号

(二) 鸣示接发列车有关音响信号

在行车工作中各工种或个人有很多工作不能通过口头、电信设备及视觉信号进行联系时，听觉信号就是进行联系的又一种方式。鸣示听觉信号时，为防止发生混淆，应按音节长短及间隔的规定标准进行：长声为 3 s，短声为 1 s，音响间隔为 1 s，重复鸣示时，须间隔 5 s 以上。

1. 机车、自轮运转特种设备鸣示方式

机车、自轮运转特种设备作业中提示注意、相互联系等应使用通信设备方式。遇联系不通或危及行车人身安全时，应采用鸣笛方式。机车、自轮运转特种设备鸣笛鸣示方式，如表 1-3 所示。

表 1-3　机车、自轮运转特种设备鸣笛鸣示方式

名称	鸣示方式	使用时机
起动注意信号	一长声　——	(1) 列车起动或机车车辆前进时 (双机牵引或使用补机时，本务机车鸣笛后，补机应回答，本务机车再鸣笛一长声后起动)； (2) 接近鸣笛标、道口、桥梁、隧道、行人、施工地点或天气不良时； (3) 电力机车、自轮运转特种设备在检修及整备中，准备降下或升起受电弓时
退行信号	二长声　—— ——	列车、机车车辆、单机开始退行时
召集信号	三长声　—— —— ——	要求防护人员撤回时
牵引信号	一长一短声　—— ·	途中本务机车要求补机牵引运行时 (补机应以同样的信号回答)
呼唤信号	二短一长声　·· ——	(1) 机车要求出入段时； (2) 在车站要求显示信号时

续表

名称	鸣示方式	使用时机
警报信号	一长三短声 — ···	发现线路有危及行车安全的不良处所时
试验自动制动机及复示信号	一短声 ·	（1）试验制动机开始减压时； （2）接到试验制动结束的手信号，回答试风人员时； （3）调车作业中，表示已接受调车长所发出的手信号时
缓解及溜放信号	二短声 ··	（1）试验制动机缓解时； （2）要求列车乘务组缓解人力制动机时； （3）复示溜放调车信号时
拧紧人力制动机信号	三短声 ···	（1）要求列车乘务组拧紧人力制动机时； （2）要求就地制动时
紧急停车信号	连续短声 ······	司机发现（或接到通知）邻线发生障碍，向邻线上运行的列车发出紧急停车信号时。邻线列车司机听到此种信号后，应紧急停车

2. 口笛、号角鸣示方式

口笛、号角鸣示方式，如表1-4。

表1-4　口笛、号角鸣示方式

用途及时机	鸣示方式	
发车、指示机车向显示人反方向移动	一长声	—
指示机车向显示人方向移动	一短一长声	· —
试验制动机减压	一短声	·
试验制动机缓解	二短声	··
试验制动机结束及安全信号	一短一长二短声	· — ··
停车	连续短声	······
要求司机鸣笛	二长三短声	— — ···
试拉	一短声	·
减速	连续二短声	····
取消	二长一短声	— — ·
再显示	二长二短声	— — ··
列车接近通报信号：上行	二长声	— —
列车接近通报信号：下行	一长声	—

【实训练习】
1. 显示与接发列车相关的手信号。
2. 判断下列各种情况能否办理相对方向同时接车或同方向同时发接列车，请说明原因。

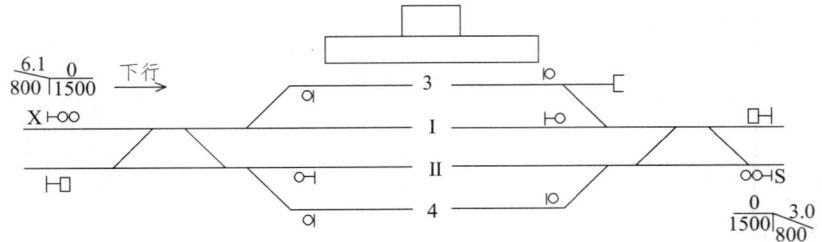

（1）规定为通过的 19068 次进 Ⅱ 道，有停点的 41015 次进 4 道；
（2）旅客列车 2563 次本站有停点进 3 道，84026 次 Ⅱ 道通过；
（3）旅客列车 4708 次本站有停点进 3 道，有停点的 41105 次进 Ⅰ 道；
（4）旅客列车 2515 次 3 道发车，监控记录装置发生故障的 41107 次进 Ⅰ 道；
（5）旅客列车 4726 次 3 道发车，监控记录装置发生故障的 19066 次进 Ⅱ 道。
3. 参观实训室，根据实训室车站闭塞设备和联锁设备类型，确定应使用的接发列车作业标准。

复习思考题

1. 什么是列车？列车应具备哪些条件？
2. 列车的分类及等级顺序有何规定？
3. 列车车次及运行方向有何规定？
4. 什么是接发列车工作？
5. 接发列车工作的内容有哪些？人员是如何分工的？
6. 遇特殊情况必须变更接发列车进路时应遵守哪些规定？

【拓展知识】

《技规》包括高速铁路和普速铁路两部分。普速铁路部分适用范围为 200 km/h 以下铁路（仅运行动车组列车的铁路除外）。动车组列车在普速铁路按 CTCS-0/1 级运行；高速铁路部分适用范围为 200 km/h 及以上铁路、200 km/h 以下仅运行动车组列车的铁路。应用 CTCS-2/3 级列控和 CTC 系统，运行动车组为主兼顾普通客车。

一、高速铁路行车闭塞法

高速铁路的行车基本闭塞法采用自动闭塞和自动站间闭塞两种。

当基本闭塞设备发生故障导致基本闭塞法不能使用或自动站间闭塞区间出站信号机故障且引导信号不能开放发车时，应根据列车调度员的命令采用电话闭塞法。按电话闭塞法行车时，动车组列车司机应根据调度命令将列控车载设备转为 LKJ 方式运行，未装备 LKJ 的动车组列车转为隔离模式运行。

二、高速铁路行车凭证

(一)自动闭塞

(1)自动闭塞区段,正方向行车,列车按自动闭塞运行;反方向行车,列车按自动站间闭塞运行。

使用自动闭塞法行车,动车组列车在完全监控、引导或部分监控模式下运行时,行车凭证为列控车载设备显示的允许运行的速度值。动车组列车按LKJ方式运行及动车组以外的列车,在信号机常态点灯的区段,进入闭塞分区的行车凭证为出站或通过信号机显示的允许运行的信号;在信号机常态灭灯的区段,进入区间的行车凭证为出站信号机或线路所通过信号机显示的允许运行的信号,信号机应点灯。

(2)在信号机常态点灯的CTCS-2级自动闭塞区段,特殊情况下办理发车的行车凭证规定,如表1-5所示。

CTCS-3级以及信号机常态灭灯的CTCS-2级自动闭塞区段,特殊情况下办理发车的行车凭证规定,如表1-6所示。

表1-5 信号机常态点灯的CTCS-2级自动闭塞区段特殊情况下办理发车的行车凭证表

序号	特殊情况	控车方式	行车凭证	发给行车凭证的依据	附带条件
1	出站信号机(线路所通过信号机)故障时发出列车	LKJ(GYK)控车	调度命令	(1)确认第一个闭塞分区空闲;(2)确认道岔位置正确及进路空闲	以不超过20 km/h(动车组列车为不超过40 km/h)速度运行至第一架通过信号机,按其显示的要求执行
2		隔离模式运行		(1)确认区间空闲;(2)确认道岔位置正确及进路空闲	以不超过40 km/h速度运行至前方站进站信号机(线路所通过信号机)
3	发车进路信号机故障时发出列车	LKJ(GYK)控车	调度命令	(1)确认发车进路空闲;(2)确认道岔位置正确	以不超过20 km/h(动车组列车为不超过40 km/h)速度运行至次一信号机
4		隔离模式运行			以不超过40 km/h速度运行至次一信号机
5	区间一架及以上通过信号机故障时发出列车	CTCS-2级控车	列控车载设备显示的允许运行的速度值	确认区间空闲	
6		LKJ(GYK)控车	出站信号机(线路所通过信号机)显示的允许运行的信号		
7	反方向发出列车	CTCS-2级控车	列控车载设备显示的允许运行的速度值	(1)确认区间空闲;(2)反方向行车的调度命令	
8		LKJ(GYK)控车	出站信号机(线路所通过信号机)显示的允许运行的信号		

表 1-6 CTCS-3 级以及信号机常态灭灯的 CTCS-2 级自动闭塞区段特殊情况下办理发车的行车凭证表

序号	特殊情况	控车方式	地面信号机状态	行车凭证	发给行车凭证的依据	附带条件
1	开放引导信号发出列车	CTCS-3级控车 CTCS-2级控车	灭灯	列控车载设备显示的允许运行的速度值	（1）确认第一个闭塞分区空闲（发车进路信号机开放引导信号时，为确认至次一信号机间空闲）；（2）确认道岔位置正确及进路空闲	
2		LKJ（GYK）控车	点灯	出站信号机（发车进路信号机、线路所通过信号机）显示的允许运行的信号	（1）确认区间空闲（发车进路信号机开放引导信号时，为确认至次一信号机间空闲）；（2）确认道岔位置正确及进路空闲	
3	出站信号机（线路所通过信号机）故障且引导信号不能开放时发出列车	LKJ（GYK）控车	点灯	调度命令	（1）确认区间空闲；（2）确认道岔位置正确及进路空闲	以不超过40 km/h速度运行至前方站进站信号机（线路所通过信号机）
4		隔离模式运行				
5	发车进路信号机故障且引导信号不能开放时发出列车	LKJ（GYK）控车	点灯	调度命令	（1）确认发车进路空闲；（2）确认道岔位置正确	以不超过20 km/h（动车组列车为不超过40 km/h）速度运行至次一信号机
6		隔离模式运行	点灯			以不超过40 km/h速度运行至次一信号机
7	区间一个及以上闭塞分区轨道电路红光带时发出列车	CTCS-3级控车 CTCS-2级控车	灭灯	列控车载设备显示的允许运行的速度值	确认区间空闲	
8		LKJ（GYK）控车	点灯	调度命令	（1）确认区间空闲；（2）确认道岔位置正确及进路空闲	

续表

序号	特殊情况	控车方式	地面信号机状态	行车凭证	发给行车凭证的依据	附带条件
9	反方向发出列车	CTCS-3级控车 CTCS-2级控车	灭灯	列控车载设备显示的允许运行的速度值	（1）确认区间空闲；（2）反方向行车的调度命令	
10		LKJ（GYK）控车	点灯	出站信号机（线路所通过信号机）显示的允许运行的信号		

（二）自动站间闭塞

（1）使用自动闭塞法行车，动车组列车在完全监控、引导或部分监控模式下运行时，行车凭证为列控车载设备显示的允许运行的速度值。动车组列车按LKJ方式运行及动车组以外的列车，在信号机常态点灯的区段，进入闭塞分区的行车凭证为出站或线路所通过信号机显示的允许运行的信号；在信号机常态灭灯的区段，进入区间的行车凭证为出站信号机或线路所通过信号机显示的允许运行的信号（在信号机常态灭灯的区段，信号机应点灯）。

（2）在信号机常态点灯的CTCS-2级自动站间闭塞区段，特殊情况下办理发车的行车凭证规定，如表1-7所示。

CTCS-3级以及信号机常态灭灯的CTCS-2级自动站间闭塞区段，特殊情况下办理发车的行车凭证规定，如表1-8所示。

表1-7 信号机常态点灯的CTCS-2级自动站间闭塞区段特殊情况下办理发车的行车凭证表

序号	特殊情况	控车方式	行车凭证	发给行车凭证的依据	附带条件
1	出站信号机（线路所通过信号机）故障时发出列车	LKJ（GYK）控车	调度命令	（1）认区间空闲；（2）确认道岔位置正确及进路空闲	以不超过40 km/h速度运行至前方站进站信号机（线路所通过信号机）
2		隔离模式运行			
3	发车进路信号机故障时发出列车	LKJ（GYK）控车	调度命令	（1）确认发车进路空闲；（2）确认道岔位置正确	以不超过20 km/h（动车组列车为不超过40 km/h）速度运行至次一信号机
4		隔离模式运行			以不超过40 km/h速度运行至次一信号机
5	反方向发出列车	CTCS-2级控车	列控车载设备显示的允许运行的速度值	（1）确认区间空闲；（2）反方向行车的调度命令	
6		LKJ（GYK）控车	出站信号机（线路所通过信号机）显示的允许运行的信号		

表 1-8 CTCS-3 级以及信号机常态灭灯的 CTCS-2 级自动站间闭塞区段特殊情况下办理发车的行车凭证表

序号	特殊情况	控车方式	地面信号机状态	行车凭证	发给行车凭证的依据	附带条件
1	开放引导信号发出列车	CTCS-3 级控车 CTCS-2 级控车	灭灯	列控车载设备显示的允许运行的速度值	（1）确认区间空闲（发车进路信号机开放引导信号时，为确认至次一信号机间空闲）；（2）确认道岔位置正确及进路空闲	
2		LKJ（GYK）控车	点灯	出站信号机（发车进路信号机、线路所通过信号机）显示的允许运行的信号		
3	出站信号机（线路所通过信号机）故障且引导信号不能开放时发出列车	LKJ（GYK）控车	点灯	调度命令	（1）确认区间空闲；（2）确认道岔位置正确及进路空闲	以不超过 40 km/h 速度运行至前方站进站信号机（线路所通过信号机）
4		隔离模式运行	点灯			
5	发车进路信号机故障且引导信号不能开放时发出列车	LKJ（GYK）控车	点灯	调度命令	（1）确认发车进路空闲（2）确认道岔位置正确	以不超过 20 km/h（动车组列车为不超过 40 km/h）速度运行至次一信号机
6		隔离模式运行	点灯			以不超过 40 km/h 速度运行至次一信号机
7	反方向发出列车	CTCS-3 级控车 CTCS-2 级控车	灭灯	列控车载设备显示的允许运行的速度值	（1）确认区间空闲；（2）反方向行车的调度命令	
8		LKJ（GYK）控车	点灯	出站信号机（线路所通过信号机）显示的允许运行的信号		

（三）电话闭塞

使用电话闭塞法行车时，列车占用区间的行车凭证为调度命令。

列车调度员办理发车时，应查明区间空闲，接车站（线路所）为车站控制或邻台列车调度员控制时，还应取得其承认的电话记录号码（双线正方向首列后发车为取得前次列车到达的电话记录号码）。在发车进路准备妥当后，方可发布作为行车凭证的调度命令。

　　车站值班员办理发车时，应查明区间空闲，并取得接车站（线路所）承认的电话记录号码，但双线正方向首列后发车为取得前次列车到达的电话记录号码（办理发车及接车的车站、线路所为统一车站值班员指挥时不办理电话记录号码）。在发车进路准备妥当后，方可向列车调度员报告，请求发布作为行车凭证的调度命令。

项目二　正常情况下接发列车作业

【项目描述】

本项目是基于铁路运输生产接发列车工作的实际情况，在双线自动闭塞集中联锁、单双线半自动闭塞集中联锁、单线自动站间闭塞集中联锁设备条件下，相邻两站的接发列车作业人员相互配合、分工协作共同完成接、发列车作业。在整个接发列车作业过程中，作业人员要严格按照铁道行业标准——《接发列车作业》《车机联控作业》《技规》《行规》《站细》《安标》等有关规定，安全、正点、不间断地接发列车。

【教学目标】

1. 知识目标

（1）掌握双线自动闭塞集中联锁接发列车作业程序及方法。
（2）掌握接发列车线路使用原则。
（3）掌握正线、到发线停留车辆规定。
（4）理解影响接发列车进路的调车作业。
（5）掌握开放进站、出站信号机的时机。
（6）掌握正常情况车机联控作业用语。
（7）掌握单双线半自动闭塞集中联锁接发列车作业程序及方法。
（8）掌握单线自动站间闭塞集中联锁接发列车作业程序及方法。

2. 能力目标

（1）合理运用接发列车线路。
（2）正确使用 6502 控制台或计算机联锁设备排列正常接车、发车进路。
（3）会正确填记《行车日志》。
（4）按照 TB/T 1500.1、TB/T 1500.2 熟练办理双线自动闭塞集中联锁接车、发车、通过作业。
（5）按照 TB/T 1500.3、TB/T 1500.4 熟练办理单双线半自动闭塞集中联锁接车、发车、通过作业。
（6）按照 TB/T 1500.7、TB/T 1500.8 熟练办理单线自动站间闭塞集中联锁接车、发车、通过作业。

3. 素质目标

（1）具有严谨的工作态度和高度的责任心。
（2）树立全局观念、团队意识、安全意识、责任意识。
（3）具有流利的语言表达、团队协调沟通能力。

任务一　双线自动闭塞集中联锁接发列车作业

一、相关知识

（一）自动闭塞概述

1. 自动闭塞设备特点

自动闭塞是由区间自动控制设备及运行的列车自动完成闭塞作用的一种行车闭塞方法。在自动闭塞区段，将一个站间区间划分为若干个闭塞分区，由装在每个闭塞分区入口的通过信号机进行防护（第一闭塞分区由出站信号机防护）。由于闭塞分区都设有轨道电路，从而能反映出列车占用或线路发生故障情况。通过色灯信号机在列车占用或出清闭塞分区时，能自动地变换显示，以指示追踪列车的运行条件。

2. 发车权

在双线自动闭塞区段，为便于接车站做好接车准备，发车站办理发车前应向接车站预告，通报列车车次及有关注意事项。已向接车站预告，遇列车不能出发时，发车站须通知接车站取消预告。

发车时，车站值班员不需办理闭塞手续，从控制台上确认离去闭塞分区空闲，符合发车条件时，即可开放出站信号机发车。

3. 正常情况下的行车凭证

《技规》规定，使用自动闭塞法行车时，列车进入闭塞分区的行车凭证为出站或通过信号机显示的允许运行的信号。

集中联锁的车站采用色灯信号机。在三显示自动闭塞区段，允许运行的信号即出站或通过信号机显示的绿色或黄色灯光；在四显示自动闭塞区段，允许运行的信号即出站或通过信号机显示的绿色、绿黄色或黄色灯光。

（二）发车作业程序与方法

1. 发车作业程序图

如图 2-1 所示。

2. 接发列车作业方法及有关规定

1）发车预告

（1）发车预告。

自动闭塞区段的车站发车预告前应通过监督器（离去表示灯）、出站信号机的复示器、各种表示牌以及《行车日志》等确认离去闭塞分区空闲。

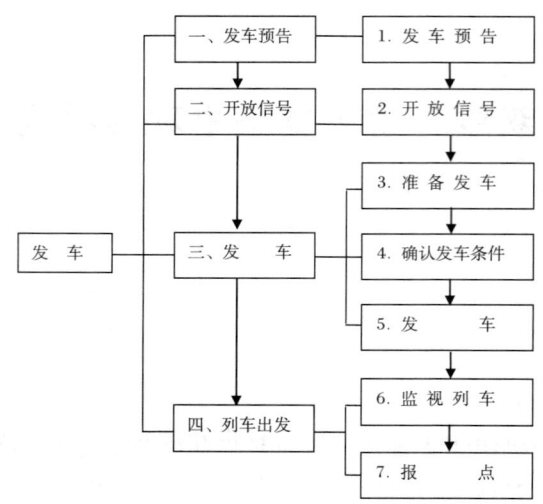

图 2-1 双线自动闭塞发车作业程序图

车站值班员办理发车预告时,必须严格执行《接发列车作业标准》用语,并听取接车站复诵。车站一端有两个及其以上列车运行方向时,办理预告时应以线名或邻站名区别方向。遇有超长、超限列车,单机挂车及列尾装置灯光熄灭的列车,应在办理发车预告时通知接车站。

发车站已向接车站预告,但列车不能出发时,发车站须通知接车站取消预告。

(2)填写《行车日志》。

填写《行车日志》(旅客列车使用红笔),使用计算机报点系统时,填记电子《行车日志》。

2)开放信号

(1)停止影响进路的调车作业。

开放信号前,车站值班员应亲自或通过有关人员确认影响列车进路的调车作业已停止,影响进路的调车作业必须按《站细》规定的时间及时停止,严禁"抢钩"作业,保证列车运行安全正点。

车站值班员通知信号员"停止影响进路的调车作业"并听取信号员复诵。

信号员复诵后,通知调车组(或调车司机),用语按铁路局规定执行,(如"停止×道调车作业")。确认影响进路的调车作业停止(听取调车组:"×道调车作业已停止。")后,向车站值班员报告:"影响进路的调车作业已停止。"

影响接发列车进路的调车作业是指:

① 占用或穿越接发车进路的调车作业。

② 接发超限货物列车进路的线路上,当线路间距不足 5 000 mm 时,邻线上的调车作业。

③ 接发非超限货物列车进路的线路上,当线路间距不足 5 000 mm 时,邻线上调动装载超限货物车辆的调车作业。

④ 接发旅客列车时,能进入接发车进路的线路没有隔开设备或脱轨器而进行的调车作业(本务机车在停留线路内摘挂、列车拉道口时除外)。

(2)开放信号。

① 布置进路。

车站值班员下达准备发车进路命令时,必须简明清楚,正确及时,讲清车次和占用线路

（一端有两个及以上列车运行方向或双线反方向行车时，应讲清方向、线别；有两个及其以上车场或经路时，要讲清车场或经路），并要受令人复诵，核对无误。

布置进路应按规定用语办理，不得简化。布置进路的命令不能与其他作业的命令、通知一起下达。

当两人及其以上人员同时接受准备进路的命令时，应指定一人复诵，车站值班员要认真听取复诵，核对无误后方可命令"执行"。

② 开放信号。

信号员在值班时应严格按照车站值班员的接发列车命令、调车作业计划，正确及时地准备进路，开放信号。

开放信号时，认真执行"一看、二按（点击）、三确认、四呼唤"及"眼看、手指、口呼"制度。眼看：看准应操纵的按钮；手指：中、食指并拢成"剑指"，指向应确认的按钮（计算机联锁设备为鼠标箭头或光电笔对准应确认的按钮）；口呼：规定用语，吐字清楚。发车进路准备完了后，及时报告车站值班员（能从设备上确认的除外）。

如：6502电气集中联锁设备开放信号时，在控制台上眼看、手指进路始端按钮，口呼"×道"，按下按钮；再眼看、手指进路终端按钮，口呼"出站"，按下按钮。如计算机联锁设备，在显示器上眼看、鼠标箭头对准进路始端按钮，口呼"×道"，点击按钮；再眼看、鼠标箭头对准进路终端按钮，口呼"出站"，点击按钮。

在电气集中联锁和计算机联锁设备正常情况下，发车进路锁闭后出站信号机即开放。信号机开放后，进路上的有关道岔都将锁闭。过早开放信号，就会影响与该进路有关的调车作业或其他作业。信号开放过晚，会造成出发列车晚点，进站列车减速或站外停车等。

开放出站信号的时机，需根据出站信号机开放后至列车起动前办理全部作业所需的时间确定。这些作业包括助理值班员确认出站信号机的开放状态、确认发车条件、显示发车信号，司机确认发车信号、出站信号以及启动列车等。

若发车站因特殊原因，需取消发车进路时，应先通知发车人员；如已开放信号或发车人员已通知司机发车，而列车尚未起动时，还应通知司机，收回行车凭证后，再取消发车进路。

3）发车

（1）准备发车。

① 车机联控。

车机联控指车务、机务等行车有关人员使用列车无线调度通信设备，按规定联络，提示行车安全信息、确认行车要求的互控方式。车机联控将列车调度员、车站值班员、司机均列入联控范围，围绕着列车运行的安全正点，每个人既是参加作业人员，又是安全工作检查员。每个车站、每趟列车及每个岗位，都进入联控范围之中，实现了司机"问路行车"、车站值班员"指路行车"，从而强化了行车工作的整体安全。

为加强车机联控工作，规范安全管理，铁道部制定了车机联控标准（TB/T 3059—2009），该标准对车机联控的设备、人员、信息、作业程序和用语等作了具体规定，参加车机联控的单位和人员均应严格执行。

车机联控应逐站逐列呼唤应答，使用普通话，做到用语准确、吐字清晰。联控用语中，车次读法按下列要求：

城际列车 C××次称为：城××次；
动车组 D××次称为：动车××次；
直达特快旅客列车 Z××次称为：客车直××次；
特快旅客列车 T××次称为：客车特××次；
快速旅客列车 K××次称为：客车快××次；
普通旅客列车××次称为：客车××次；
临时旅客列车 L××次称为：客车临××次；
旅游列车 Y××次称为：客车游××次；
动车组检测列车 DJ××次称为：动检××次；
回送客车底 0××次称为：零××次；
货物班列 X××次称为：行××次；
货物列车称为：××次。
其他未定车次用语由铁路运输企业规定。

列车站内停车再开或列车始发时，信号机开放后的车机联控程序及用语，如表2-1。

表2-1 发车车机联控程序及用语

呼叫时机	联控用语		
	作业人	车站值班员	列车司机
列车站内停车再开或列车始发时，信号开放后	呼叫人	××（次）×道出站（发车进路）信号好（了）	
	被呼叫人		××（次）×道出站（发车进路）信号好（了），司机明白
有两个及以上运行方向的车站，应在联控用语中增加"去××方向"			

② 通知助理值班员准备发车。

车站值班员通知助理值班员："×（次）、×道发车"，并听取复诵。助理值班员在室外接发列车时，可提前告知发车计划。

③ 助理值班员出场。

助理值班员应穿着规定服装，衣帽整齐，佩戴臂（胸）章，携带列车无线调度通信设备，持规定信号旗（灯），立正姿势，站在《站细》规定地点。跨越线路时执行《安标》有关规定。

（2）确认发车条件。

① 确认出站信号。

发车前，助理值班员眼看、手指出站信号，确认信号开放正确，口呼"×道出站信号好（了）"。动车组发车时，无此项作业。

② 确认发车条件。

助理值班员确认旅客上下、行包装卸和列检作业完了。其他发车条件的确认，按《站细》规定执行。动车组发车时，无此项作业。

（3）发车。

发车人员按规定站在适当地点，向司机显示发车信号。

语音记录装置良好的车站,使用列车无线调度通信设备发车,通知司机用语为:"×(次)、×道发车",并听取复诵无误。

使用发车表示器的车站,发车人员按压发车按钮,发车表示器亮白灯。

4)列车出发

(1)监视列车。

列车起动,车站值班员通知接车站:"×(次)、(×点)×(分)开",并听取复诵,填写《行车日志》。

信号员(未设信号员时,由车站值班员)通过控制台确认列车整列出站,擦(划)掉占线板。

助理值班员监视列车,注意列车运行和货物装载状态,于列车尾部越过发车地点,确认列车尾部标志完整后返回,擦(划)掉占线板。

助理值班员发现旅客列车尾部标志灯光熄灭时,通知车辆乘务员进行处理。在自动闭塞区段,通知不到时,应使列车停车处理。发现货物装载状态有异状时,及时处理;发现货物列车列尾装置丢失时,应报告列车调度员,使列车在前方站停车处理。

(2)报点。

① 确定列车出发时刻。

a. 出发时刻,以列车机车向前进方向起动,列车在站界内不再停车为准。

b. 列车全部发出站界后,因故退回再次出发时,以第一次出发时刻为准。

c. 在分界站向邻局发车时,则以最后发出时刻为准。

② 报点。

列车出站后,车站值班员立即向列车调度员报点,并记入《行车日志》(设有计算机报点系统的按有关规定办理)。

遇有超长、超限列车、制动力部分切除的动车组列车、单机挂车和货物列车列尾装置灯光熄灭等情况,应通知接车站。

始发列车开车后,应向列车调度员报告列车编组简报、机车号码、司机和运转车长姓名或代号及晚点原因,摘挂列车还应报告摘挂辆数等。

(三)接车作业程序与方法

1. 接车作业程序图,如图2-2所示

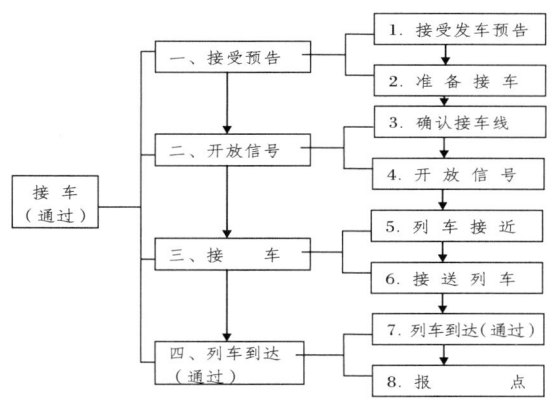

图2-2 双线自动闭塞接车作业程序图

2. 接车作业方法及有关规定

1）接受预告

（1）接受发车预告。

① 车站值班员接受发车站发车预告并复诵。

② 列车预告后，按《站细》规定通知有关人员。

③ 填写《行车日志》，使用计算机报点系统时，填记"电子《行车日志》"。

（2）准备接车。

① 核对车次。

车站值班员按三、四小时列车运行计划核对车次、时刻、命令、指示，必要时与列车调度员联系。

② 确定接车线。

接车前，车站值班员要根据列车种类、性质、有无作业等，与阶段计划核对无误后，确定接入相应的股道。正确合理地使用接发列车线路，对保证车站作业安全、减少作业干扰、提高运输效率具有重要意义，同时，也为车站保持有不间断接发列车的空闲线路创造了条件。为保证接发列车安全，《站细》对站内所有线路的使用都有具体规定，在作业时应认真遵守。

正线、到发线是专门为办理列车的接发和进行技术作业而设置的。正线和到发线的钢轨、道岔等设备标准比其他线路高，可以保证列车进出站有较高的速度；正线和到发线有保证进路正确的联锁设备和指示列车运行的信号设备；有为旅客乘降、行包装卸的站台；在技术站或较大的中间站的到发线上，还设有机车整备和列检作业的有关设备，便于进行技术作业；在车站线路布置上，考虑了列车到发与调车作业的紧密配合，保证车站的最大平行作业。因此，在正线、到发线办理接发列车，既保证了车站作业效率，又保证了接发列车作业的安全。

在正线或到发线接发列车时，应遵守以下原则：

（a）旅客列车、挂有超限货物车辆的列车，应接入规定线路。

所谓"规定线路"，就是《站细》内指定的线路。

为了保证旅客乘降、行包装卸及旅客出入车站的方便和安全，旅客列车应接入有站台、设有平交道或天桥、地道等设备的线路。由于旅客列车较其他列车速度高，所以，用于侧向接发停站旅客列车的单开道岔不得小于12号。

挂有超限货物车辆的列车，由于超限货物的宽度或高度超出机车车辆限界，与邻近的设备、建筑物或邻线的机车、车辆有剐撞的可能，为保证列车安全运行和货物完整，不损坏设备和建筑物，因此规定必须接入线间距符合规定要求的线路。站内相邻两线均需通行超限货物列车时，线间最小距离应为5 300 mm；站内相邻两线只有一条通行超限货物列车时，线间最小距离应为5 000 mm。

（b）动车组列车在车站办理客运业务时，须固定股道、固定站台、固定停车位置。

动车组列车运行速度及等级高，因此，对在车站办理客运业务的动车组列车均须明确固定股道、固定站台、固定停车位置。遇设备故障、自然灾害、列车晚点等不可抗力原因必须调整动车组列车固定股道时，必须经调度所值班主任（值班副主任）准许，才能发布调度命令。

（c）动车组列车、特快旅客列车通过时应在正线办理，其他通过列车原则上应在正线办理。

正线设备较其他线路的质量和规格都高，为列车以高速通过车站提供有利条件。正线的出站信号一般都是高柱型的，为司机提供较好的瞭望条件；正线所经道岔位置绝大多数开通直向位置，以保证列车有较高的速度，并能减少轮缘磨耗。列车由正线通过车站，可以保证司机有良好的瞭望条件。动车组列车、特快旅客列车运行速度高，在车站通过时，应在正线上通过；其他通过到车原则上应在正线通过，只有在正线故障不能使用或正线上停有列车等情况下，才能使列车由到发线通过。必须改由到发线通过时，还必须采取一定的安全措施。

特快旅客列车通过时，作业人员须提前停止在列车的通过线路上和相邻线路通过列车一侧的作业，以保证作业安全和人身安全。

（d）原规定为通过的旅客列车由正线变更为到发线接车及动车组列车、特快旅客列车遇特殊情况必须变更基本进路时，须经列车调度员准许，并预告司机；如来不及预告时，应使列车在站外停车后，再开放信号机，接入站内。动车组列车遇特殊情况需变更办理客运业务的固定股道时，须经调度所值班主任（值班副主任）准许。

原规定在车站通过的列车包括：列车运行图规定为通过的列车；有关列车运行时刻的书面文件、电报规定为在车站通过的列车；临时加开列车时，调度命令指定为通过的列车，凡没有指定时刻的列车，一律按停车列车办理。

原规定为通过的列车由正线变更为到发线接车，分两种情况：一是变更为由到发线通过，二是变更为在到发线停车。

由于旅客列车运行速度较高，在站内正线上的运行速度一般为 80～120 km/h，动车组列车及特快旅客列车达 120 km/h 以上，而列车进入到发线时，一般经过 12 号道岔，规定侧向通过道岔速度不得超过 50 km/h（非 AT 弹性可弯尖轨为 45 km/h）。若列车超速进入到发线，则可能造成脱轨、颠覆等事故。动车组列车、特快旅客列车运行速度高，随意变更基本进路也会严重影响列车的安全。因此，为了保证旅客安全，动车组列车、特快旅客列车遇特殊情况需变更办理客运业务的固定股道时，除有关信号机的正常显示外，还必须经调度所值班主任（值班副主任）准许，以严格控制及监督车站接发车线路的使用。

对于规定在车站正线停车的旅客列车，由正线变更为到发线接车时，由于司机已有在站停车的准备，可以控制列车的进站速度，故不必采取上述措施。

车站值班员应保证有不间断接车的空闲线路。保证车站有空闲的接车线路是车站值班员的重要职责。车站值班员应做好组织工作，加强与列车调度员及有关部门的联系，随时了解列车运行情况，有计划地全面合理运用到发线。工作时应遵循以下原则：

（a）正线上不应停留车辆（尽头式车站除外）。

正线是列车通过车站的主要经路，如不保持经常空闲，就可能导致列车经到发线通过车站，降低通过速度，影响运输效率，因此，规定正线上不应停留车辆，但尽头式车站不办理列车通过。其正线可按到发线掌握使用。

（b）到发线上停留车辆时，须经车站值班员准许，在中间站并须取得列车调度员的准许方可占用，该线路的两端道岔应扳向不能进入的位置并加锁（装有轨道电路除外）。

到发线是用来接发列车的专用线路，为保证列车在车站的到发和会让、列车在车站的技术作业以及接发列车作业的安全，到发线不应停留车辆。在一些线路不繁忙的区段，当车站未设货物装卸线或货物装卸线不能满足要求，必须使用到发线进行装卸时，以及其他不得已原因，必须在到发线上停留车辆时，必须经车站值班员准许，以避免影响接车工作，中间站的到发线经常办理列车会让，若必须停留车辆时，除必须经车站值班员准许外，还必须得到列车调度员的准许，以便列车调度员在运行调整中全面考虑。

到发线停留车辆是一种特殊情况。在接发列车作业中，为防止向有车线接车事故的发生，未装轨道电路的中间站，到发线停留车辆时，应将两端道岔扳向不能进入该线的位置并加锁；当车站为集中联锁或到发线装有轨道电路时，由于轨道电路的作用，进站信号机不能开放，可以防止上述情况发生，故不必加锁。

中间站停留车辆，无论停留的线路是否有坡道，均应连挂在一起，拧紧两端车辆的人力制动机，并以铁鞋（止轮器、防溜枕木等）牢靠固定。因装卸车对货位等情况，不能连挂在一起时，应分组做好防溜措施。

2）开放信号

（1）确认接车线。

① 车站值班员复诵发车站开车通知，填写《行车日志》，通知信号员、助理值班员并听取复诵。

② 信号员、助理值班员复诵后，填写占线板（簿）。

③ 车站值班员按《站细》规定通知有关人员。根据车站性质、列车性质及作业性质等，按规定通知有关人员。例如，列检："预计×（次）×（点）×（分）到达本站，×道看车"；客运："×（次）开过来接×道，准备接车"；调车组："×（次）开过来接×道，准备作业"。

④ 车站值班员亲自或指派信号员确认接车线路空闲，确认接车线路空闲后，口呼："×道空闲"。

接车线路空闲系指接车线无封锁施工，接车线内无机车、车辆、大型养路机械、重型轨道车、施工封锁、轻型车辆、小车占用及其他能造成列车脱轨的障碍物。

为了防止向"有车线接车"，车站值班员在接车前，必须认真检查、确认接车线路空闲，各站根据设备情况，规定检查确认方法。

检查接车线路空闲的方法如下：

（a）设有轨道电路，通过控制台股道占用光带或股道占用表示灯确认。此外，还需注意现场确认有无轻型车辆、小车及线路附近有无能使列车脱轨的障碍物。

（b）未设轨道电路或轨道电路故障，联锁设备施工等情况不能通过控制台检查确认时，应指派助理值班员和车站两端扳道员现场确认接车线路空闲。

（c）查看占线板（簿）。

车站新铺轨、更换钢轨或较少使用的线路，由于轨面生锈痕，轨道电路分路不良，车辆在轨面上走行时，轨道红光带会出现时隐时现的现象，个别车辆在线路上停留时，甚至控制台无显示。这时，向该股道接车时进站信号机仍可以开放，容易造成行车事故。对轨道电路分路不良的线路，必须制定保证接发列车作业安全的办法并纳入《站细》，车站值班员必须准确掌握，加强"接车线空闲"的检查。

⑤ 停止影响接车进路的调车作业。

（2）开放信号。

① 布置接车（通过）进路。

车站值班员必须亲自布置进路（有关规定与发车作业相同）。

② 开放信号。

开放信号时，认真执行"一看、二按（点击）、三确认、四呼唤"及"眼看、手指（标指）、口呼"制度。

6502 电气集中联锁设备开放信号时，在控制台上眼看、手指进路始端按钮，口呼："进站"，按下按钮；再眼看、手指进路终端按钮，口呼："×道"（正线通过时，口呼："出站"），按下按钮。

计算机联锁设备，在显示器上眼看、鼠标箭头对准进路始端按钮，口呼："进站"，点击按钮；再眼看、鼠标箭头对准进路终端按钮，口呼："×道"（正线通过时，口呼："出站"），点击按钮。

在电气集中联锁和计算机联锁设备正常情况下，接车进路锁闭后进站信号机即开放。通过光带、信号复示器确认接车进路正确，进站信号开放。

列车通过时，应办理有关发车作业。

3）接　车

（1）列车接近。

① 车机联控。

列车接近车站时，司机会主动呼叫车站问路，车站值班员应正确指路，车机联控程序及用语，如表 2-4。当列车在站外停车，信号开放后，车站值班员应主动呼叫司机，车机联控程序及用语，如表 2-5。

表 2-4　正常接车时车机联控程序及用语

呼叫时机	联控用语		
	作业人	列车司机	车站值班员
自动闭塞区段，列车接近第一接近通过信号机或规定的呼叫点；半自动闭塞区段（双线反方向行车时），列车在规定的呼叫点	呼叫人	××（站）××（次）接近	
	被呼叫人		××（次）××（站）×道通过[停车]
	复诵人	××（次）×道通过[停车]，司机明白	
有两个及以上运行方向的车站，列车通过时应在联控用语后增加"去××方向"。			
注：（　）内的字可省略，[　]内的字与黑体字根据实际情况选择，下同			

表 2-5　机外停车后接车时车机联控程序及用语

呼叫时机	联控用语		
	作业人	车站值班员	列车司机
列车机外停车再开，信号开放后	呼叫人	××（次）进站（接车进路）信号好（了），×道通过[停车]	
	被呼叫人		××（次）进站（接车进路）信号好（了），×道通过[停车]，司机明白
有两个及以上运行方向的车站，列车通过时应在联空用语后增加"去××方向"			

② 信号员通过控制台监视信号及进路表示。第二（三）接近铃响、光带变红，再次确认信号开放正确，报告车站值班员："×（次）接近"。

③ 车站值班员确认信号正确，通知助理值班员准备接车并听取复诵。动车组、特快旅客列车的通知接车时机，按《站细》规定。

（2）接送列车。

助理值班员携带列车无线调度通信设备、持规定信号旗（灯），立正姿势，站在《站细》规定地点，面向列车，注意列车运行和货物装载状态。

接通过列车时，眼看、手指出站信号，确认信号开放正确。

4. 列车到达（通过）

（1）列车到达（通过）。

信号员通过控制台监视进路、信号及列车进（出）站；确认列车整列进入（通过）接车线，报告车站值班员；对通过列车擦（划）掉占线板（簿）记载。

对通过列车，车站值班员通知接车站："×（次）、（×点）×（分）通过"，并听取复诵；填写《行车日志》。

助理值班员监视列车进站，于列车停妥后返回。通过列车，于列车尾部越过接车地点，确认列车尾部标志后返回，对通过列车擦（划）掉占线板（簿）记载。

列车进站后，应停于接车线警冲标内方。在设有出站（进路）信号机的线路，列车头部不得越过出站（进路）信号机。

如列车尾部停在警冲标外方或压轨道绝缘时，车站接车人员应使用列车无线调度通信设备等通知司机或显示向前移动的手信号，使列车向前移动。

当超长列车尾部停在警冲标外方，接入相对方向的列车时，在进站信号机外制动距离内进站方向为超过 6‰ 的下坡道，而接车线末端无隔开设备，须使列车在站外停车后，再接入站内。如在邻线上未设调车信号机，又无隔开设备，相对方向需要进行调车作业时，必须派人以停车手信号对列车进行防护。

（2）报点。

① 确定列车到达及通过车站时刻。

到达时刻，以列车进入车站，停于到达线警冲标内方的时刻为准。列车超过实际到达线有效长时，以第一次停车时刻为准。列车在区间分部运行时，以全部车辆到达车站的时刻为准。

通过时刻，以列车机车通过车站值班员室的时刻为准。

② 报点。

列车到达或通过车站后，车站值班员应立即向列车调度员报点，使用计算机报点系统时，通过系统报点。

二、相关实践技能

（一）发车作业

1. 发车作业（设信号员）

双线自动闭塞集中联锁（设信号员）发车作业程序及技术要求，如表 2-6 所示。

表 2-6 双线自动闭塞集中联锁（设信号员）发车作业程序及技术要求

作业程序		岗位作业技术要求			说明事项
程序	项目	车站值班员	信号员（长）	助理值班员	
一、发车预告	1. 发车预告	（1）向接车站发出："×（次）预告"，并听取复诵			
		（2）填写《行车日志》			使用计算机报点系统时，填记"电子《行车日志》"
二、开放信号	2. 开放信号	（3）通知信号员（长）："停止影响进路的调车作业"，并听取报告	（1）复诵："停止影响进路的调车作业"。确认停止后，报告："影响进路的调车作业已停止"		停止调车作业时机，按《站细》规定。无影响进路的调车作业时，此项作业省略
		（4）通知信号员（长）："×（次）、×道发车，开放信号"。听取复诵无误后，命令："执行"	（2）复诵："×（次）、×道发车，开放信号"		
		（5）确认信号正确，应答："×道出站信号好（了）"	（3）开放出站信号，口呼："×道"，按下始端按钮；口呼："出站"，按下终端按钮。确认光带、信号显示正确，口呼："信号好（了）"		
三、发车	3. 准备发车	（6）通知助理值班员："×（次）、×道发车"，并听取复诵		（1）复诵："×（次）、×道发车"	助理值班员在室外接发车时，可提前告知发车计划
	4. 确认发车条件		（4）通过控制台监视信号及进路表示	（2）发车前，眼看、手指出站信号，确认信号开放正确，口呼："×道出站信号好（了）"	动车组发车时，无（2）项作业
				（3）确认旅客上下、行包装卸和列检作业完了	其他发车条件的确认按《站细》规定。动车组发车时，无此项作业

续表

作业程序		岗位作业技术要求			说明事项
程序	项目	车站值班员	信号员（长）	助理值班员	
三、发车	5.发车			（4）按规定站在适当地点，显示发车信号（使用列车无线调度通信设备及发车表示器发车时除外）	动车组发车时，无此项作业。
四、列车出发	6.监视列车	（7）列车起动，通知接车站："×（次）、（×点）×（分）开"，并听取复诵			
		（8）填写《行车日志》		（5）监视列车，于列车尾部越过发车地点，确认列车尾部标志后返回	使用计算机报点系统时，填记"电子《行车日志》"
		（9）应答："好（了）"	（5）通过控制台确认列车整列出站，口呼："×（次）出站"		
			（6）擦（划）掉占线板（簿）记载	（6）擦（划）掉占线板（簿）记载	
	7.报点	（10）向列车调度员报点："×（站）报点，×（次）、（×点）×（分）开"			使用计算机报点系统时，通过系统报点

2. 发车作业（未设信号员）

双线自动闭塞集中联锁（未设信号员）发车作业程序及技术要求，如表2-7所示。

表2-7 双线自动闭塞集中联锁（未设信号员）发车作业程序及技术要求

作业程序		岗位作业技术要求		说明事项
程序	项目	车站值班员	助理值班员	
一、发车预告	1.完发预告	（1）向接车站发出："×（次）预告"，并听取复诵		
		（2）填写《行车日志》		使用计算机报点系统时，填记"电子《行车日志》"

续表

作业程序		岗位作业技术要求		说明事项
程序	项目	车站值班员	助理值班员	
二、开放信号	2. 开放信号	（3）停止影响进路的调车作业。确认停止后，口呼："影响进路的调车作业已停止"		停止调车作业时机按《站细》规定。无影响进路的调车作业时，此项作业省略
		（4）开放出站信号，口呼："×道"，按下始端按钮；口呼："出站"，按下终端按钮。确认光带、信号显示正确，口呼："信号好（了）"	（1）通过控制台确认信号正确，应答："×道出站信号好（了）"	助理值班员在室外接发车时，（1）项作业省略
三、发车	3. 准备发车	（5）通知助理值班员："×（次）、×道发车"，并听取复诵。	（2）复诵："×（次）、×道发车"	助理值班员在室外接发车时，可提前告知发车计划
	4. 确认发车条件	（6）通过控制台监视信号及进路表示。	（3）发车前，眼看、手指出站信号，确认信号开放正确，口呼："×道出站信号好（了）"	动车组发车时，无（3）项作业
			（4）确认旅客上下、行包装卸和列检作业完了	其他发车条件的确认，按《站细》规定。动车组发车时，无此项作业
	5. 发车		（5）按规定站在适当地点,显示发车信号(使用列车无线调度通信设备及发车表示器发车时除外)	动车组发车时，无此项作业
四、列车出发	6. 监视列车	（7）列车起动，通知接车站："×（次）、（×点）×（分）开"，并听取复诵		
		（8）填写《行车日志》		使用计算机报点系统时，填记"电子《行车日志》"
		（9）通过控制台确认列车整列出站	（6）监视列车，于列车尾部越过发车地点，确认列车尾部标志后返回	
	7. 报点	（10）向列车调度员报点："×（站）报点，×（次）、（×点）×（分）开"	（7）擦（划）掉占线板（簿）记载	使用计算机报点系统时，通过系统报点

（二）接车作业

1. 接车（通过）作业（设信号员）

双线自动闭塞集中联锁（设信号员）接车（通过）作业程序及技术要求，如表2-8所示。

表2-8　双线自动闭塞集中联锁（设信号员）接车（通过）作业程序及技术要求

作业程序		岗位作业技术要求			说明事项
程序	项目	车站值班员	信号员（长）	助理值班员	
一、接受预告	1. 接受发车预告	（1）接受发车站预告并复诵："×（次）预告"			列车预告后，按《站细》规定通知有关人员
		（2）填写《行车日志》			使用计算机报点系统时，填记"电子《行车日志》"
	2. 准备接车	（3）按列车运行计划核对车次、时刻、命令、指示，必要时与列车调度员联系			
		（4）确定接车线。			
		（5）通知信号员（长）："×（次）预告"，并听取复诵	（1）复诵："×（次）预告"		
二、开放信号	3. 确认接车线	（6）复诵发车站开车通知："×（次）、（×点）×（分）开（通过）"			
		（7）填写《行车日志》			使用计算机报点系统时，填记"电子《行车日志》"
		（8）通知信号员（长）、助理值班员："×（次）开过来（了），×道停车（通过或到开）"，并听取复诵	（2）复诵："×（次）开过来（了），×道停车（通过或到开）"，并填写占线板（簿）	（1）复诵："×（次）开过来（了），×道停车（通过或到开）"，并填写占线板（簿）	
		（9）按《站细》规定通知有关人员			

续表

作业程序		岗位作业技术要求			说明事项
程序	项目	车站值班员	信号员（长）	助理值班员	
二、开放信号	3.确认接车线	（10）确认接车线路空闲			
		（11）通知信号员（长）："停止影响进路的调车作业"，并听取报告	（3）复诵："停止影响进路的调车作业"。确认停止后，报告："影响进路的调车作业已停止"		停止调车作业时机，按《站细》规定。无影响进路的调车作业时，此项作业省略
	4.开放信号	（12）通知信号员（长）："×（次）、×道停车（通过），开放信号"。听取复诵无误后，命令："执行"	（4）复诵："×（次）、×道停车（通过），开放信号"		列车通过时，应办理有关发车作业程序
		（13）确认信号正确，应答："×道进站信号好（了）"[通过时，应答："×道进、出站信号好（了）"]	（5）开放进站信号，口呼："进站"，按下始端按钮；口呼："×道"（正线通过时，口呼："出站"），按下终端按钮。确认光带、信号显示正确，口呼："信号好（了）"		
三、接车	5.列车接近		（6）通过控制台监视信号及进路表示		
		（14）再次确认信号正确，应答："×（次）接近"	（7）第二（三）接近铃响、光带变红，再次确认信号开放正确，口呼："×（次）接近"		计算机联锁设备的接近铃响为语音提示
		（15）通知助理值班员："×（次）接近，×道接车"，并听取复诵		（2）复诵："×（次）接近，×道接车"	动车组、特快旅客列车的通知接车时机，按《站细》规定
	6.接送列车			（3）到《站细》规定地点接车。接通过列车时，眼看、手指出站信号，确认信号开放正确，口呼："×道出站信号好（了）"	

续表

作业程序		岗位作业技术要求			说明事项
程序	项目	车站值班员	信号员（长）	助理值班员	
四、列车到达（通过）	7.列车到达（通过）		（8）通过控制台监视进路、信号及列车进（出）站	（4）监视列车进站，于列车停妥后返回。通过列车，于列车尾部越过接车地点，确认列车尾部标志后返回	
		（16）应答："好（了）"	（9）通过控制台确认列车整列进入（通过）接车线，口呼："×（次）到达（通过）"		
		（17）对通过列车通知接车站："×（次）、（×点）×（分）通过"，并听取复诵			
		（18）填写《行车日志》	（10）对通过列车擦（划）掉占线板（簿）记载	（5）对通过列车擦（划）掉占线板（簿）记载	使用计算机报点系统时，填记"电子《行车日志》"
	8报点	（19）向列车调度员报点："×（站）报点，×（次）、（×点）×（分）到（通过）"			使用计算机报点系统时，通过系统报点

2. 接车（通过）作业（未设信号员）

双线自动闭塞集中联锁（未设信号员）接车（通过）作业程序及技术要求，如表2-9所示。

表2-9 双线自动闭塞集中联锁（未设信号员）接车（通过）作业程序及技术要求

作业程序		岗位作业技术要求		说明事项
程序	项目	车站值班员	助理值班员	
一、接受预告	1.接受发车预告	（1）接受发车站预告并复诵："×（次）预告"		列车预告后，按《站细》规定通知有关人员
		（2）填写《行车日志》		使用计算机报点系统时，填记"电子《行车日志》"

续表

作业程序		岗位作业技术要求		说明事项
程序	项目	车站值班员	助理值班员	
一、接受预告	2.准备接车	（3）按列车运行计划核对车次、时刻、命令、指示，必要时与列车调度员联系		
		（4）确定接车线		
二、开放信号	3.确认接车线	（5）复诵发车站开车通知："×（次）、（×点）×（分）开（通过）"		
		（6）填写《行车日志》		使用计算机报点系统时，填记"电子《行车日志》"
		（7）通知助理值班员："×（次）开过来（了），×道停车（通过或到开）"，并听取复诵	（1）复诵："×（次）开过来（了），×道停车（通过或到开）"，并填写占线板（簿）	
		（8）按《站细》规定通知有关人员		
		（9）确认接车线路空闲		
		（10）停止影响进路的调车作业。确认停止后，口呼："影响进路的调车作业已停止"		停止调车作业的时机，按《站细》规定。无影响进路的调车作业时，此项作业省略
	4.开放信号	（11）开放进站信号，口呼："进站"，按下始端按钮；口呼："×道"（正线通过时，口呼："出站"）按下终端按钮。确认光带、信号显示正确，口呼："信号好（了）"	（2）通过控制台确认信号正确，应答："×道进站信号好（了）"[通过时，应答："×道进、出站信号好（了）"]	列车通过时，应办理有关发车作业程序。助理值班员在室外接发车时，（2）项作业省略
三、接车	5.列车接近	（12）通过控制台监视信号及进路表示		
		（13）第二（三）接近铃响、光带变红，再次确认信号开放正确后，通知助理值班员："×（次）接近，×道接车"，并听取复诵	（3）通过控制台确认信号正确，复诵："×（次）接近，×道接车"	计算机联锁设备的接近铃响为语音提示。动车组、特快旅客列车的通知接车时机，按《站细》规定

续表

作业程序		岗位作业技术要求		说明事项
程序	项目	车站值班员	助理值班员	
三、接车	6.接送车列		（4）到《站细》规定地点接车。接通过列车时，眼看、手指出站信号，确认信号开放正确后，口呼："×道出站信号好（了）"	
四、列车到达（通过）	7.列车到达（通过）	（14）通过控制台监视进路、信号及列车进（出）站	（5）监视列车进站，于列车停妥后返回。通过列车，于列车尾部越过接车地点，确认尾部标志后返回	
		（15）通过控制台确认列车进入（通过）接车线	（6）对通过列车擦（划）掉占线板（簿）记载	
		（16）对通过列车通知接车站："×（次）、（×点）×（分）通过"，并听取复诵		
		（17）填写《行车日志》		使用计算机报点系统时，填记"电子《行车日志》"
	8.报点	（18）向列车调度员报点："×（站）报点，×（次）、（×点）×（分）到（通过）"		使用计算机报点系统时，通过系统报点

【实训练习】

1. 办理双线自动闭塞接、发列车作业。
（1）已知条件。
① 阶段计划：41103次 11：00到，11：30开。
② 相邻区间上下行客（货）列车追踪间隔时间为7（8）min，区间运行时分为30（31）min。
③ 本站摘重车2辆，有影响进路的调车作业。
（2）演练要求。
执行接发列车作业标准和车机联控标准，办理接、发货物列车作业。

2. 办理双线自动闭塞接、发列车作业。
（1）已知条件。
① 阶段计划：旅客列车 K1052次 9：40分到，9：45开。
② 相邻区间上下行客（货）列车追踪间隔时间为7（8）min，区间运行时分为30（31）min。
③ 无影响进路的调车作业。

（2）演练要求。

执行接发列车作业标准和车机联控标准，办理接、发旅客列车作业。

3. 办理双线自动闭塞列车通过作业。

（1）已知条件。

① 阶段计划：27012 次 22：30 通过。

② 相邻区间上下行客（货）列车追踪间隔时间为 7（8）min，区间运行时分为 30（31）min。

③ 无影响进路的调车作业。

（2）考核要求。

执行接发列车作业标准和车机联控标准，办理列车通过作业。

任务二　单双线半自动闭塞集中联锁接发列车作业

一、相关知识

（一）半自动闭塞概述

1. 设备特点

半自动闭塞是用人工来办理闭塞及开放出站信号机，而由出发列车自动关闭出站信号机并实现区间闭塞的一种闭塞方式。

集中联锁的车站用进站信号机内方（或出站方面）的无岔区段，作为半自动闭塞的轨道电路。通过这段轨道电路，将出站信号机与闭塞机及列车进路之间加以联锁。列车压上轨道电路，车站闭塞机上的有关接、发车表示灯起变化，以此监督列车的出发或到达。

半自动闭塞区间不设轨道电路，接车表示灯与发车表示灯仅表示列车的到达与出发，区间的空闲情况设备上不能完全反映。因此，发车站请求闭塞和接车站承认闭塞前都必须确认区间空闲，接车时接车人员还需确认列车整列到达。

2. 出站（线路所通过）信号机的开放条件

开放出站信号机或通过信号机前，双线区段必须得到前次列车到达前方站的到达信号；单线区段必须得到接车站的同意闭塞信号。

双线半自动闭塞区段，发车站（线路所）必须得到前次列车到达前方站（线路所）的到达信号，才有权发车。因为前次列车驶过接车站的接车轨道电路，闭塞机就可以解除闭塞并开通区间，所以发车站（线路所）只要得到前次列车到达前方站（线路所）的到达信号，就可以开放出站（线路所）信号机发车。

单线半自动闭塞区段，发车站（线路所）必须在闭塞机上得到接车站的同意闭塞信号，才能开放出站（线路所通过）信号机发车。接车站（线路所）只能在区间空闲并收到发车站（线路所）请求闭塞信号时，才能发出同意闭塞信号。所以，在单线半自动闭塞区段，发车站（线路所）开放出站（线路所通过）信号机前，必须得到接车站（线路所）的同意闭塞信号。

3. 行车凭证

正常情况下使用半自动闭塞法行车时，列车凭出站信号机或线路所通过信号机显示的允许运行的信号进入区间。

半自动闭塞区段，遇超长列车头部越过出站信号机而未压上出站方面的轨道电路发车时，因能使用半自动闭塞法开放出站信号机，所以行车凭证为出站信号机显示的允许运行的信号，但超长列车司机无法看到出站信号机显示的允许运行信号，应同时发给司机准许列车头部越过出站信号机发车的调度命令。

半自动闭塞区段，遇发车进路信号机故障或超长列车头部越过发车进路信号机发车时，列车越过发车进路信号机的行车凭证为半自动闭塞发车进路通知书，如表 2-10 所示。

表 2-10　半自动闭塞发车进路通知书

```
                半自动闭塞发车进路通知书
                                              第_____号
1. 在列车头部越过发车进路信号机的情况下，准许第_____次列车由_____线发车。
2. 在_____发车进路信号机故障的情况下，准许第_____次列车越过该发车进路信号机。

                           站（站名印）车站值班员（签名）
                                      年    月    日填发
```

注：1. 白色纸，复写一式两份，司机一份，存根一份。（规格 90 mm×130 mm）
　　2. 不用的字抹消。

（二）发车作业程序与方法

1. 发车作业程序图，如图 2-3 所示

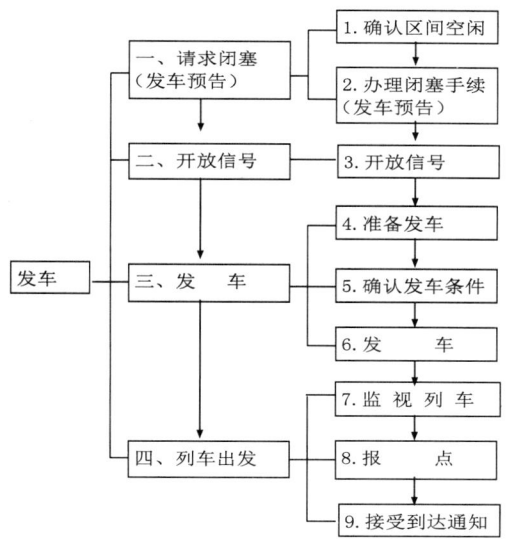

图 2-3　单双线半自动闭塞发车作业程序图

2. 发车作业方法及有关规定

1）请求闭塞（发车预告）

（1）确认区间空闲。

办理列车闭塞，是接发列车作业的首要环节，是列车取得区间占用权的重要环节，也是较易发生列车事故的关键环节。车站值班员在请求闭塞（发车预告）前，必须确认区间空闲。

确认区间空闲的主要内容包括：

① 区间是否有列车占用。

② 区间是否封锁。

③ 区间内是否有遗留车辆。

④ 区间内设有道岔时，发出进入正线的列车，区间道岔是否向正线开通并锁闭。

⑤ 是否同意区间内使用轻型车辆。
⑥ 出站（跟踪）调车作业是否完毕。
⑦ 其他占用区间的情况。

根据闭塞表示灯的显示（该方向接、发车表示灯均熄灭）、《行车日志》的填记及各种行车表示牌，确认区间空闲。口呼："×（站）区间空闲"。

（2）办理闭塞手续（发车预告）。

办理闭塞前，发车站值班员必须先电话请求闭塞，并接到接车站同意闭塞的电话，方可办理闭塞手续。遇有超长、超限列车，单机挂车及列尾装置灯光熄灭的列车，应通知接车站。

信号员办理闭塞时，要一按闭塞按钮、二听铃响、三看黄灯变绿。双线无此项作业。

发车站办理闭塞手续后，列车不能出发时，应将事由通知接车站，取消闭塞。

2）开放信号

车站值班员必须亲自或通过有关人员确认影响进路的调车作业已停止。无影响进路的调车作业时，此项作业省略。

车站值班员下达准备进路命令时，必须简明清楚，正确及时，讲清车次和占用线路（一端有两个及以上列车运行方向或双线反方向行车时，应讲清方向、线别），并要受令人复诵，核对无误。

信号员开放信号时，认真执行"一看、二按（点击）、三确认、四呼唤"及"眼看、手指、口呼"制度。眼看：看准应操纵的按钮；手指：中、食指并拢成"剑指"，指向应确认的按钮（计算机联锁设备为鼠标箭头或光电笔对准应确认的按钮）；口呼：规定用语，吐字清楚。

信号员确认光带（表示灯）、信号显示正确，报告车站值班员信号好。

3）发车

（1）车机联控。

列车站内停车再开或列车始发时，信号机开放后的车机联控程序及用语同表2-1。

（2）准备发车。

车站值班员通知助理值班员发车并听取复诵，助理值班员在室外发车时可提前告知发车计划。

（3）确认发车条件。

① 助理值班员出场。

助理值班员穿着规定服装，衣帽整齐，佩戴臂（胸）章，携带列车无线调度通信设备，持规定信号旗（灯），立正姿势，站在《站细》规定地点。跨越线路时执行《安标》有关规定。

② 确认出站信号。

发车前，助理值班员眼看、手指出站信号，确认信号开放正确。动车组发车时，无此项作业。

③ 确认发车条件。

助理值班员确认旅客上下、行包装卸和列检作业完了。其他发车条件的确认，按《站细》规定。动车组发车时，无此项作业。

（4）发车。

助理值班员按规定站在适当地点，向司机显示发车信号。

语音记录装置良好的车站,使用列车无线调度通信设备发车,通知司机用语为:"×(次)、×道发车",并听取复诵无误。

使用发车表示器的车站,发车人员按压发车按钮,发车表示器亮白灯。

4)列车出发

(1)监视列车。

列车起动,车站值班员通知接车站列车发车时刻并听取复诵,填写《行车日志》(使用计算机报点系统填记电子《行车日志》)。

助理值班员监视列车,注意列车运行和货物装载状态,发现列车有异状等问题时,立即报告同时按规定采取安全措施,于列车尾部越过发车地点,确认列车尾部标志完整后返回,擦(划)掉占线板。

信号员通过控制台确认列车整列出站,擦(划)掉占线板。

(2)报点。

列车出站后,车站值班员立即向列车调度员报点,使用计算机报点系统时通过系统报点。

(3)接受到达通知。

车站值班员复诵接车站列车到达通知,并记入《行车日志》。

信号员确认闭塞表示灯熄灭。

(三)接车作业程序与方法

1. 接车作业程序图,如图2-4所示

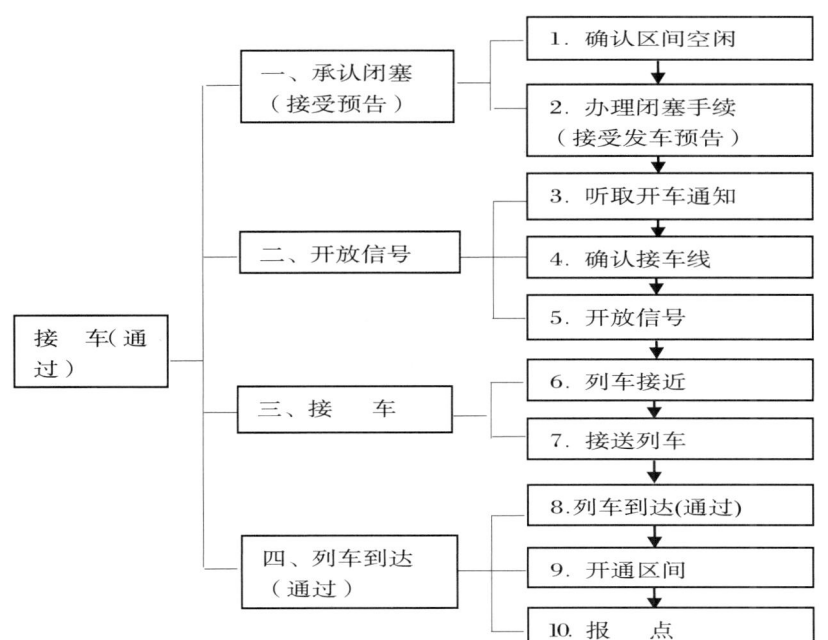

图2-4 单双线半自动闭塞接车作业程序图

2. 接车作业方法及有关规定

1）承认闭塞（接受预告）

（1）确认区间空闲。

① 车站值班员听取发车站请求闭塞（双线为发车预告）。

② 接车站在配合发车站请求闭塞（发车预告）时，也要根据闭塞表示灯、《行车日志》及各种表示牌确认区间空闲，方可同意闭塞（接受预告）。

③ 按列车运行计划核对车次、时刻、命令、指示，必要时与列车调度员联系。

（2）办理闭塞手续（接受发车预告）。

① 办理闭塞时，要听到闭塞机铃响并确认闭塞表示灯亮黄灯后，再按闭塞按钮，待闭塞表示灯亮绿灯，闭塞手续才办妥。

② 必要时与列车调度员核对车次，了解列车停、通、会作业时间等。

③ 车站值班员确定接车线；通知信号员"×（次）、×道停车（通过或到开）"，并听取复诵；通知助理值班员"×（次）、×道停车（通过或到开）"，并听取复诵。

④ 信号员复诵后填写占线板（簿）；助理值班员复诵后，填写占线板（簿）。

2）开放进站信号

（1）听取开车通知。

① 车站值班员复诵发车站开车通知，填写《行车日志》；通知信号员（长）及助理值班员"×（次）开过来（了）"，并听取复诵。

② 根据车站性质、列车性质及作业性质等，按《站细》规定通知有关人员。

（2）确认接车线。

① 确认接车线路空闲，口呼"×道空闲"。

② 通知信号员停止影响进路的调车作业，听取信号员报告影响进路的调车作业已停止。

（3）开放信号。

车站值班员必须亲自布置进路并听取进路准备妥当的报告。

信号员在开放信号时，认真执行"一看、二按（点击）、三确认、四呼唤"及"眼看、手指（标指）、口呼"制度，确认光带、信号显示正确，口呼"信号好（了）"。

车站值班员听到信号员报告后检查确认，应答"×道进站信号好（了）"。

开放进站信号机最理想的时机是当列车运行至预告信号机外方时，进站信号即开放。如图 2-5 所示，开放进站信号的时间（$t_{开}$）等于列车从预告信号机外方运行至车站中心线或停于警冲标内方的进站走行时间（$t_{进}$）。

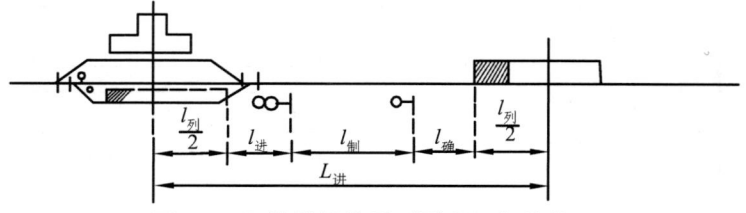

图 2-5 开放进站信号时列车运行的位置

$$t_{开} = t_{进} = \frac{l_{确} + l_{进} + l_{制} + l_{列}}{v_{进}} \times 0.06 \text{（min）}$$

式中：$l_{确}$——司机确认预告信号的距离（m）；

$l_{制}$——列车制动距离（m）；

$l_{进}$——进站信号机至接车线始端警冲标的距离（m）；

$l_{列}$——列车长度（m）；

$v_{进}$——列车进站平均速度（km/h）；

0.06—— km/h 换算为 m/s 时的单位换算系数。

办理列车通过时，应先与下一站办理有关发车作业程序，办妥闭塞后才能开放通过信号。

3）接　　车

（1）列车接近。

① 车机联控。列车接近车站时，司机主动呼叫车站问路："×（站）×（次）接近"；车站值班员应正确指路："×（次）×（站）×道通过[停车]"；司机复诵："×（次）×道通过[停车]，司机明白"。

② 信号员通过控制台监视信号及进路表示。

③ 接近铃响（计算机联锁设备的接近铃响为语音提示）、光带（表示灯）变红，信号员再次确认信号开放正确，口呼："×（次）接近"。

④ 车站值班员再次确认信号正确，应答："×（次）接近"；通知助理值班员"×（次）接近，×道接车"，并听取复诵。动车组、特快旅客列车的通知接车时机，按《站细》规定。

（2）接送列车。

助理值班员携带列车无线调度通信设备，持规定信号旗（灯），到《站细》规定地点接车。跨越线路时，执行《安标》有关规定。接通过列车时，眼看、手指出站信号，确认信号开放正确，口呼："×道出站信号好（了）"。

4）列车到达（通过）

（1）列车到达（通过）。

① 助理值班员监视列车进站，于列车停妥后返回。对通过列车，于列车尾部越过接车地点，确认列车尾部标志后返回，擦（划）掉占线板（簿）记载。接送列车中，发现列车有异状等问题时，应立即报告，同时按规定采取安全措施。

② 信号员通过控制台确认列车整列进入（通过）接车线，对通过列车擦（划）掉占线板（簿）记载。

③ 对通过列车，车站值班员通知接车站列车通过时刻，并听取接车站复诵，填写《行车日志》，使用计算机报点系统时，填记"电子《行车日志》"。

（2）开通区间。

① 列车到达或通过车站后，车站值班员应及时布置信号员开通区间："开通×（站）区间"，并听取复诵。

② 信号员开通区间时，坚持一看闭塞表示灯、二按（点击）复原按钮、三确认灯光熄灭。

（3）报点。

① 列车整列进入接车线后，车站值班员通知发车站列车到达时刻，并听取复诵，填写《行车日志》，使用计算机报点系统时，填记"电子《行车日志》"。

② 车站值班员向列车调度员报点，设有计算机报点系统的按有关规定办理。

二、相关实践技能

（一）发车作业

1. 发车作业（设信号员）

单双线半自动闭塞集中联锁（设信号员）发车作业程序及技术要求，如表2-11所示。

表2-11　单双线半自动闭塞集中联锁（设信号员）发车作业程序及技术要求

作业程序		岗位作业技术要求			说明事项
程序	项目	车站值班员	信号员（长）	助理值班员	
一、请求闭塞（发车预告）	1. 确认区间空闲	（1）根据闭塞表示灯、《行车日志》及各种行车表示牌，确认区间空闲			
	2. 办理闭塞手续（发车预告）	（2）请求闭塞："×（次）闭塞"[双线："×（次）预告"]			
		（3）通知信号员（长）："办理×（次）闭塞"，并听取复诵	（1）复诵："办理×（次）闭塞"		双线无此项作业。
		（4）应答："×（次）闭塞好（了）"	（2）一按闭塞按钮、二听铃响、三看黄灯变绿，口呼："×（次）闭塞好（了）"		
		（5）填写《行车日志》			使用计算机报点系统时，填记"电子《行车日志》"
二、开放信号	3. 开放信号	（6）通知信号员（长）："停止影响进路的调车作业"，并听取报告	（3）复诵："停止影响进路的调车作业"。确认停止后报告："影响进路的调车作业已停止"		停止调车作业时机，按《站细》规定。无影响进路的调车作业时，此项作业省略
		（7）通知信号员（长）："×（次）、×道发车，开放信号"。听取复诵无误后，命令："执行"	（4）复诵："×（次）、×道发车，开放信号"		

续表

作业程序		岗位作业技术要求			说明事项
程序	项目	车站值班员	信号员（长）	助理值班员	
二、开放信号	3. 开放信号	（8）确认信号正确，应答："×道出站信号好（了）"	（5）开放出站信号，口呼："×道"，按下始端按钮；口呼："出站"，按下终端按钮。确认光带（表示灯）、信号显示正确，口呼："信号好（了）"		
三、发车	4. 准备发车	（9）通知助理值班员："×（次）、×道发车"，并听取复诵		（1）复诵："×（次）、×道发车"	助理值班员在室外接发车时，可提前告知发车计划
	5. 确认发车条件		（6）通过控制台监视信号及进路表示	（2）发车前，眼看、手指出站信号，确认信号开放正确，口呼："×道出站信号好（了）"	动车组发车时，无（2）项作业
				（3）确认旅客上下、行包装卸和列检作业完了	其他发车条件的确认按《站细》规定。动车组发车时，无此项作业
	6. 发车			（4）按规定站在适当地点，显示发车信号并应依式中转发车信号（使用列车无线调度通信设备及发车表示器发车时除外）	动车组发车时，无此项作业
四、列车出发	7. 监视列车	（10）列车起动，通知接车站："×（次）、（×点）×（分）开"，并听取复诵			

续表

作业程序		岗位作业技术要求			说明事项
程序	项目	车站值班员	信号员（长）	助理值班员	
四、列车出发	7. 监视列车	（11）填写《行车日志》		（5）监视列车，于列车尾部越过发车地点，确认列车尾部标志后返回	使用计算机报点系统时，填记"电子《行车日志》"
		（12）应答："好（了）"	（7）通过控制台确认列车整列出站，口呼："×（次）出站"		
	8. 报点	（13）向列车调度员报点："×（站）报点，×（次），（×点）×（分）开"	（8）擦（划）掉占线板（簿）记载	（6）擦（划）掉占线板（簿）记载	使用计算机报点系统时，通过系统报点
	9. 接受到达通知	（14）复诵接车站列车到达通知	（9）确认闭塞表示灯熄灭		
		（15）填写《行车日志》			使用计算机报点系统时，填记"电子《行车日志》"

2. 发车作业（未设信号员）

单双线半自动闭塞集中联锁（未设信号员）发车作业程序及技术要求，如表2-12所示。

表2-12 单双线半自动闭塞集中联锁（未设信号员）发车作业程序及技术要求

作业程序		岗位作业技术要求		说明事项
程序	项目	车站值班员	助理值班员	
一、请求闭塞（发车预告）	1. 确认区间空闲	（1）根据闭塞表示灯、《行车日志》及各种行车表示牌，确认区间空闲		
	2. 办理闭塞手续（发车预告）	（2）请求闭塞："×（次）闭塞"[双线："×（次）预告"]		
		（3）一按闭塞按钮、二听铃响、三看黄灯变绿，口呼："×（次）闭塞好（了）"	（1）应答："×（次）闭塞好（了）"	双线无此项作业
		（4）填写《行车日志》		使用计算机报点系统时，填记"电子《行车日志》"

续表

作业程序		岗位作业技术要求		说明事项
程序	项目	车站值班员	助理值班员	
二、开放信号	3. 开放信号	（5）停止影响进路的调车作业。确认停止后，口呼："影响进路的调车作业已停止"		停止调车作业时机，按《站细》规定。无影响进路的调车作业时，此项作业省略
		（6）开放出站信号，口呼："×道"，按下始端按钮，口呼："出站"，按下终端按钮。确认光带（表示灯）、信号显示正确，口呼："信号好（了）"	（2）通过控制台确认信号正确，应答："×道出站信号好（了）"	助理值班员在室外接发车时，（2）项作业省略
三、发车	4. 准备发车	（7）通知助理值班员："×（次）、×道发车"，并听取复诵	（3）复诵："×（次）、×道发车"	助理值班员在室外接发车时，可提前告知发车计划
	5. 确认发车条件	（8）通过控制台监视信号及进路表示	（4）发车前，眼看、手指出站信号，确认信号开放正确，口呼："×道出站信号好（了）"	动车组发车时，无（4）项作业
			（5）确认旅客上下、行包装卸和列检作业完了	其他发车条件的确认按《站细》规定 动车组发车时，无此项作业
	6. 发车		（6）按规定站在适当地点，显示发车信号并应依式中转发车信号（使用列车无线调度通信设备及发车表示器发车时除外）	动车组发车时，无此项作业
四、列车出发	7. 监视列车	（9）列车起动，通知接车站："×（次）、（×点）×（分）开"，并听取复诵		
		（10）填写《行车日志》		使用计算机报点系统时，填记"电子《行车日志》"
		（11）通过控制台确认列车整列出站	（7）监视列车，于列车尾部越过发车地点，确认列车尾部标志后返回	

续表

作业程序		岗位作业技术要求		说明事项
程序	项目	车站值班员	助理值班员	
	8. 报点	（12）向列车调度员报点："×（站）报点，×（次）、（×点）×（分）开"	（8）擦（划）掉占线板（簿）记载	使用计算机报点系统时，通过系统报点
	9. 接受到达通知	（13）复诵接车站列车到达通知，并确认闭塞表示灯熄灭		
		（14）填写《行车日志》		使用计算机报点系统时，填记"电子《行车日志》"

（二）接车（通过）作业

1. 接车（通过）作业（设信号员）

单双线半自动闭塞集中联锁（设信号员）接车（通过）作业程序及技术要求，如表2-13所示。

表2-13　单双线半自动闭塞集中联锁（设信号员）接车（通过）作业程序及技术要求

作业程序		岗位作业技术要求			说明事项
程序	项目	车站值班员	信号员（长）	助理值班员	
一、承认闭塞（接受预告）	1. 确认区间空闲	（1）听取发车站请求闭塞（双线为发车站预告）			
		（2）根据闭塞表示灯、《行车日志》及各种行车表示牌，确认区间空闲			
		（3）按列车运行计划核对车次、时刻、命令、指示			
	2. 办理闭塞手续（接受发车预告）	（4）同意闭塞："同意×（次）闭塞"[双线复诵："×（次）预告"]			列车闭塞（预告）后，按《站细》规定通知有关人员
		（5）通知信号员（长）："办理×（次）闭塞"[双线："×（次）预告"]，并听取复诵	（1）复诵："办理×（次）闭塞"[双线："×（次）预告"]		

续表

作业程序		岗位作业技术要求			说明事项
程序	项目	车站值班员	信号员（长）	助理值班员	
一、承认闭塞（接受预告）	2. 办理闭塞手续（接受发车预告）	（6）应答："×（次）闭塞好（了）"	（2）一听铃响、二看黄灯、三按闭塞按钮、四确认绿色灯光，口呼："×（次）闭塞好（了）"		双线无此项作业
		（7）填写《行车日志》			使用计算机报点系统时，填记"电子《行车日志》"
		（8）必要时与列车调度员核对车次，了解列车停、通、会作业时间等			
		（9）确定接车线			
		（10）通知信号员（长）、助理值班员："×（次）、×道停车（通过或到开）"，并听取复诵	（3）复诵："×（次）、×道停车（通过或到开）"，并填写占线板（簿）	（1）复诵："×（次）、×道停车（通过或到开）"，并填写占线板（簿）	
二、开放信号	3. 听取开车通知	（11）复诵发车站开车通知："×（次）、（×点）×（分）开（通过）"			
		（12）填写《行车日志》			使用计算机报点系统时，填记"电子《行车日志》"
		（13）通知信号员（长）及助理值班员"×（次）开过来（了）"，并听取复诵	（4）复诵："×（次）开过来（了）"	（2）复诵："×（次）开过来（了）"	
		（14）按《站细》规定通知有关人员			
	4. 确认接车线	（15）确认接车线路空闲			
		（16）通知信号员（长）："停止影响进路的调车作业"，并听取报告	（5）复诵："停止影响进路的调车作业"。确认停止后报告："影响进路的调车作业已停止"		停止调车作业时机，按《站细》规定。无影响进路的调车作业时，此项作业省略

续表

作业程序		岗位作业技术要求			说明事项
程序	项目	车站值班员	信号员（长）	助理值班员	
二、开放信号	5. 开放信号	（17）通知信号员（长）："×（次）、×道停车（通过），开放信号"。听取复诵无误后，命令："执行"	（6）复诵："×（次）、×道停车（通过），开放信号"		
		（18）确认信号正确，应答："×道进站信号好（了）"[通过时，应答："×道进、出站信号好（了）"]	（7）开放进站信号，口呼："进站"，按下始端按钮；口呼"×道"（正线通过时，口呼："出站"），按下终端按钮。确认光带（表示灯）、信号显示正确，口呼："信号好（了）"		列车通过时，应办理有关发车作业程序
三、接车	6. 列车接近		（8）通过控制台监视信号及进路表示		
		（19）再次确认信号正确，应答："×（次）接近"	（9）接近铃响、光带（表示灯）变红，再次确认信号开放正确，口呼："×（次）接近"		计算机联锁设备的接近铃响为语音提示
		（20）通知助理值班员："×(次)接近，×道接车"，并听取复诵		（3）复诵："×（次）接近，×道接车"	动车组、特快旅客列车的通知接车时机，按《站细》规定
	7. 接送列车			（4）到《站细》规定地点接车。接通过列车时，眼看、手指出站信号，确认信号开放正确，口呼："×道出站信号好（了）"	
四、列车到达（通过）	8. 列车到达（通过）		（10）通过控制台监视进路、信号及列车进（出）站	（5）监视列车进站，于列车停妥后返回。通过列车，于列车尾部越过接车地点，确认列车尾部标志后返回	

续表

作业程序		岗位作业技术要求			说明事项
程序	项目	车站值班员	信号员（长）	助理值班员	
四、列车到达（通过）	8.列车到达（通过）	（21）应答"好（了）"	（11）通过控制台确认列车整列进入（通过）接车线，口呼："×（次）到达（通过）"	（6）对通过列车擦（划）掉占线板（簿）记载	
		（22）对通过列车通知接车站："×（次）、（×点）×（分）通过"，并听取复诵	（12）对通过列车擦（划）掉占线板（簿）记载		
		（23）填写《行车日志》			使用计算机报点系统时，填记"电子《行车日志》"
	9.开通区间	（24）通知信号员（长）："开通×（站）区间"，并听取复诵	（13）复诵："开通×（站）区间"		
		（25）应答："好（了）"	（14）一看闭塞表示灯、二按（拉）闭塞（复原）按钮、三确认灯光熄灭，口呼："×（站）区间开通"		
	10.报点	（26）通知发车站："×（次）、（×点）×（分）到"，并听取复诵			
		（27）向列车调度员报点："×（站）报点，×（次）、（×点）×（分）到（通过）"			使用计算机报点系统时，通过系统报点

2. 接车（通过）作业（未设信号员）

单双线半自动闭塞集中联锁（未设信号员）接车（通过）作业程序及技术要求，如表2-14所示。

表 2-14 单双线半自动闭塞集中联锁（未设信号员）接车（通过）作业程序及技术要求

作业程序		岗位作业技术要求		说明事项
程序	项目	车站值班员	助理值班员	
一、承认闭塞（接受预告）	1. 确认区间空闲	（1）听取发车站请求闭塞（双线为发车站预告）		
		（2）根据闭塞表示灯、《行车日志》及各种行车表示牌，确认区间空闲		
		（3）按列车运行计划核对车次、时刻、命令、指示		
	2. 办理闭塞手续（接受发车预告）	（4）同意闭塞："同意×（次）闭塞"[双线复诵："×（次）预告"]		列车闭塞（预告）后，按《站细》规定通知有关人员
		（5）一听铃响、二看黄灯、三按闭塞按钮、四确认绿色灯光，口呼："×（次）闭塞好（了）"	（1）应答："×（次）闭塞好（了）"	双线无此项作业
		（6）填写《行车日志》		使用计算机报点系统时，填记"电子《行车日志》"
		（7）必要时与列车调度员核对车次，了解列车停、通、会作业时间等		
		（8）确定接车线		
		（9）通知助理值班员："×（次）、×道停车（通过或到开）"，并听取复诵	（2）复诵："×（次）、×道停车（通过或到开）"，并填写占线板（簿）	
二、开放信号	3. 听取开车通知	（10）复诵发车站开车通知："×（次）、（×点）×（分）开（通过）"		
		（11）填写《行车日志》		使用计算机报点系统时，填记"电子《行车日志》"
		（12）通知助理值班员"×（次）开过来（了）"，并听取复诵	（3）复诵："×（次）开过来（了）"	
		（13）按《站细》规定通知有关人员		

续表

作业程序		岗位作业技术要求		说明事项
程序	项目	车站值班员	助理值班员	
二、开放信号	4.确认接车线	（14）确认接车线路空闲		
		（15）停止影响进路的调车作业。确认停止后，口呼："影响进路的调车作业已停止"		停止调车作业时机，按《站细》规定。无影响进路的调车作业时，此项作业省略
	5.开放信号	（16）开放进站信号，口呼："进站"，按下始端按钮；口呼："×道"（正线通过时，口呼："出站"），按下终端按钮。确认光带（表示灯）、信号显示正确，口呼："信号好（了）"	（4）通过控制台确认信号正确，应答："×道进站信号好（了）"[通过时，确认信号正确，应答："×道进、出站信号好（了）"]	列车通过时，应办理有关发车作业程序 助理值班员在室外接发车时，（4）项作业省略
三、接车	6.列车接近	（17）通过控制台监视信号及进路表示		
		（18）接近铃响、光带（表示灯）变红时，再次确认信号开放正确		计算机联锁设备的接近铃响为语音提示 动车组、特快旅客列车的通知接车时机，按《站细》规定
		（19）通知助理值班员："×（次）接近，×道接车"，并听取复诵	（5）通过控制台再次确认信号正确，复诵："×（次）接近，×道接车"	
	7.接送列车		（6）到《站细》规定地点接车。接通过列车时，眼看、手指出站信号，确认信号开放正确，口呼："×道出站信号好（了）"	
		（20）通过控制台监视进路、信号及列车进（出）站	（7）监视列车进站，于列车停妥后返回。通过列车，于列车尾部越过接车地点，确认尾部标志后返回	
		（21）通过控制台，确认列车整列进入（通过）接车线		

续表

作业程序		岗位作业技术要求		说明事项
程序	项目	车站值班员	助理值班员	
四、列车到达（通过）	8. 列车到达（通过）	（22）对通过列车通知接车站："×（次）、（×点）×（分）通过"，并听取复诵	（8）对通过列车擦（划）掉占线板（簿）记载	
		（23）填写《行车日志》		使用计算机报点系统时，填记"电子《行车日志》"
	9. 开通区间	（24）开通区间，一看闭塞表示灯、二按（拉）闭塞（复原）按钮、三确认灯光熄灭		
		（25）通知发车站："×（次）、（×点）×（分）到"，并听取复诵		
		（26）向列车调度员报点："×（站）报点，×（次）、（×点）×（分）到（通过）"		使用计算机报点系统时，通过系统报点

【实训练习】

1. 办理单线半自动闭塞接、发列车作业。

（1）已知条件。

① 阶段计划：21114次10：30到，10：40开。

② 相邻区间上下行客（货）列车运行时分为15（18）min。

③ 有影响进路的调车作业。

（2）演练要求。

执行接发列车作业标准和车机联控标准，办理接、发货物列车作业。

2. 办理单线半自动闭塞接、发列车作业。

（1）已知条件。

① 阶段计划：旅客列车1117次22：00到，22：15开。

② 相邻区间上下行客货列车运行时分均为15 min。

③ 无影响进路的调车作业。

（2）演练要求。

执行接发列车作业标准和车机联控标准，办理接、发旅客列车作业。

3. 办理单线半自动闭塞列车通过作业。

（1）已知条件。

① 阶段计划：27011 次 22：30 通过。

② 相邻区间上下行客货列车运行时分均为 15 min。

③ 无影响进路的调车作业。

（2）考核要求。

执行接发列车作业标准和车机联控标准，办理列车通过作业。

任务三　单线自动站间闭塞集中联锁接发列车作业

一、相关知识

（一）自动站间闭塞概述

1. 自动站间闭塞的特点

自动站间闭塞是在半自动闭塞的基础上增加了区间占用检查设备而发展起来的一种新型闭塞方法。区间闭塞设备必须与集中联锁设备结合使用，与区间两端站的出站信号机和轨道检查装置构成联锁关系，采用轨道检查装置自动检查区间空闲，列车以区间（所间）区间为间隔运行，发车站办理发车进路后即自动构成站间闭塞，列车到达接车站或返回发车站并出清区间后，自动解除闭塞。

轨道检查装置主要有计轴设备和区间长轨道电路。目前我国铁路多采用在64D型继电半自动闭塞的基础上配套计轴设备构成的自动站间闭塞。

计轴设备每个区间安装两套，分别设在两站进站信号机内方2~3 m处。通过设置在区间两端站的计轴磁头，对进入区间和车站的列车轴数进行记录，并经过传输线路将两端站所记录的轴数进行核对，当两端站记录的轴数一致时，即确认列车整列到达，区间空闲，自动开通区间。发出由区间返回的列车时，由发车站自行检查。当计轴设备记录进出区间的列车轴数不一致时，即判定区间占用。当计轴设备发生故障不能正常计轴或判定区间占用时，不能自动解除闭塞。

区间长轨道电路由三部分组成，包括上、下行接近区段轨道电路（双线时为接近和发车区段轨道电路）和中间区段轨道电路，通过轨道电路对区间是否占用、线路是否良好进行检查。在这三段轨道电路都空闲时，排列发车进路，开放出站信号，自动完成闭塞；在列车到达前方站（返回发车站）三段轨道电路都空闲后，自动开通区间。当区间任何一段轨道电路处于占用状态时，不能开放出站信号机，自动办理闭塞；列车虽已到达前方站（返回发车站），但不能解除闭塞开通区间。出站信号机开放后，如果区间轨道电路因故障等原因处于占用状态时，便自动关闭。

2. 自动站间闭塞行车办法

自动站间闭塞发车前须确认区间空闲，但不需办理闭塞手续，发车站值班员办理发车进路开放出站信号后，自动构成站间闭塞。列车凭出站信号显示出站后，出站信号机自动关闭。待列车出清区间完整到达接车站后，闭塞设备自动复原。为使接车站做好接车准备，发车站应向接车站发出预告。发车站已向接车站预告，但列车不能出发时，在取消发车进路后，须通知接车站，避免长时间占用区间，同时也为其他列车运行提供条件。

3. 计轴自动站间闭塞的使用

1）自动站间闭塞首次使用

两站值班员确认区间空闲，同时（先后时差可在 13 s 内）按下计轴复零按钮，此时车站控制台上计轴复零按钮表示灯 JFLD 亮白灯，区间表示灯亮红灯。打开计轴器电源，计轴设备经自检后处于工作状态，计轴轴数显示器点亮并显示"0000"。两站间按半自动闭塞方式发出第一趟列车后，区间占用表示灯灭灯，区间空闲表示灯点亮。然后，两站值班员根据列车的运行情况分别拉出对应的闭塞切换按钮，进入站间闭塞方式。此时，车站控制台上人工闭塞黄灯灭，自动站间闭塞绿灯亮，计轴设备投入正常使用。此后，区间按自动站间闭塞方式行车，计轴设备在正常使用过程中，闭塞切换按钮应在铅封状态。

2）计轴设备正常时

首先本站值班员确认车站控制台上对应的区间占用表示灯关闭，区间空闲表示灯点亮，表明区间处于空闲状态，计轴轴数显示器点亮并显示"0000"。对方站没办理闭塞时，可根据计划直接排列发车进路，开放出站信号机。列车以出站信号机的绿色灯光作为进入区间的行车凭证，邻站开放进站信号机准备接车。当列车到达邻站，其尾部全部越过进站信号机附近的计轴磁头后，闭塞自动复原。

3）站间闭塞制式转换

当因某种原因需停止使用停止使用计轴设备时，车站值班员应请示列车调度员并根据停止使用计轴自动站间闭塞的调度命令，在双方车站值班员共同确认区间空闲的前提下，破铅封按下闭塞切换按钮。这时，车站控制台上相应的人工闭塞黄灯亮，自动站间闭塞绿灯灭，车站值班员可按 64D 型继电半自动闭塞或电话闭塞方式办理。

4）计轴设备故障复原

由于某些外界干扰等原因，会出现实际区间空闲但仍有轴数的故障，使相应区间始终处于"占用"状态无法正常使用的情况。出现这种故障后可按自动站间闭塞首次使用进行办理。

4. 正常情况的行车凭证

使用自动站间闭塞法行车时，列车凭出站信号机或线路所信号机显示的允许运行的信号进入区间。

自动站间闭塞与集中联锁设备结合使用，集中联锁的车站采用色等信号机时，出站信号机或线路所信号机显示的允许运行的信号即绿色灯光。

（二）发车作业程序与方法

1. 发车作业程序

发车作业程序如图 2-6 所示。

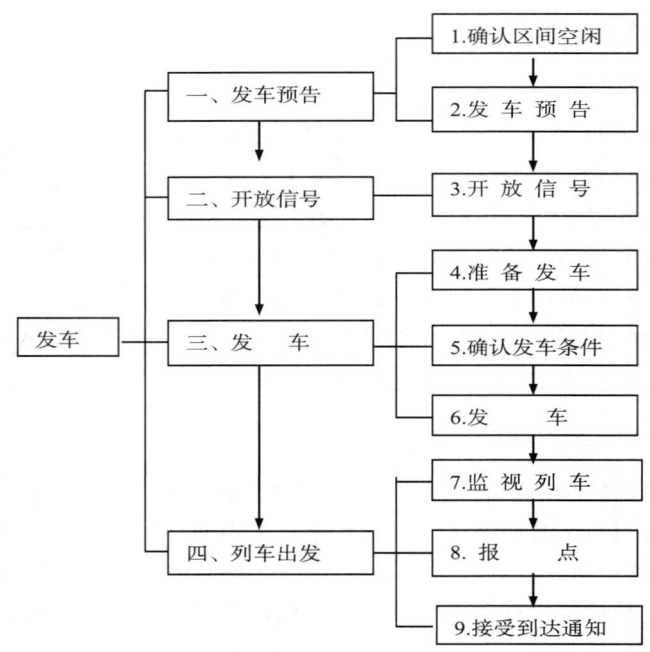

图 2-6　单线自动站间闭塞发车作业程序图

2. 发车作业方法及有关规定

1）发车预告

（1）确认区间空闲。

根据区间占用表示灯、《行车日志》及各种行车表示牌，确认区间空闲。使用计轴设备的应确认计轴计数器显示为零。

（2）发车预告。

车站值班员向接车站发出："×（次）预告"，并听取复诵。车站一端有两个及其以上列车运行方向，办理预告时应以线名或邻站名区别方向。遇有超长、超限列车，单机挂车及列尾装置灯光熄灭的列车，应通知接车站。

发车站已向接车站预告，但列车不能出发时，在取消发车进路后，须通知接车站。

办理预告及取消预告，应填写《行车日志》（旅客列车用红笔）。使用计算机报点系统时，填记"电子《行车日志》"。

2）开放信号

（1）停止影响进路的调车作业。

开放信号前，车站值班员必须亲自或通过有关人员确认影响进路的调车作业已停止。停止调车作业的时机，按《站细》规定执行，通知调车组的用语按铁路局规定执行（如："停止×道调车作业"）。无影响进路的时，此项作业省略。

（2）开放信号。

车站值班员亲自或通知信号员开放信号。车站值班员下达准备进路命令时，必须简明清楚，正确及时，讲清车次和占用线路（一端有两个及以上列车运行方向或双线反方向行车时，应讲清方向、线别），并要受令人复诵，核对无误后，方可命令"执行"。

开放信号时，执行"一看、二按（点击）、三确认、四呼唤"及"眼看、手指、口呼"制度。眼看、手指、口呼："×道"，按下始端按钮；眼看、手指、口呼："出站"，按下终端按钮。确认光带、信号显示正确，口呼："信号好（了）"。

3）发　车

（1）准备发车。

① 车机联控。

车站值班员使用列车无线调度通信设备呼叫列车司机："×（次）、×道出站（发车进路）信号好（了）"，并听取复诵。列车司机应答："×（次）、×道出站（发车进路）信号好（了），司机明白"。

② 助理值班员出场准备发车。

车站值班员通知发车并听取复诵，助理值班员在室外发车时可提前告知发车计划。

助理值班员穿着规定服装，衣帽整齐，佩戴臂（胸）章，携带列车无线调度通信设备，持规定信号旗（灯），立正姿势，站在《站细》规定地点。跨越线路时执行《安标》有关规定。

（2）确认发车条件。

① 确认出站信号。

发车前，助理值班员眼看、手指出站信号，确认信号开放正确。动车组发车时，无此项作业。

③ 确认发车条件。

助理值班员确认旅客上下、行包装卸和列检作业完了。其他发车条件的确认，按《站细》规定。动车组发车时，无此项作业。

（3）发车。

助理值班员按规定站在适当地点，向司机显示发车信号。动车组发车时，无此项作业。

语音记录装置良好的车站，使用列车无线调度通信设备发车，通知司机用语为："×（次）、×道发车"，并听取复诵无误。

使用发车表示器的车站，发车人员按压发车按钮，发车表示器亮白灯。

4）列车出发

（1）监视列车。

列车起动，车站值班员通知接车站："×（次）、×（点）×（分）开"，并听取复诵。填写《行车日志》（使用计算机报点系统时，填记"电子《行车日志》"）。

助理值班员监视列车，于列车尾部越过发车地点，确认列车尾部标志完整后返回，擦（划）掉占线板。

信号员通过控制台确认列车整列出站，擦（划）掉占线板。

（2）报点。

列车出站后，车站值班员立即向列车调度员报点，使用计算机报点系统时通过系统报点。

（3）接受到达通知。

车站值班员复诵接车站列车到达通知，并填记《行车日志》，使用计算机报点系统时，填记"电子《行车日志》"。

信号员确认表示灯熄灭，区间空闲，使用计轴设备的应确认计轴计数器显示归零。

（三）接车作业程序及方法

1. 接车作业程序

接车作业程序如图 2-7 所示。

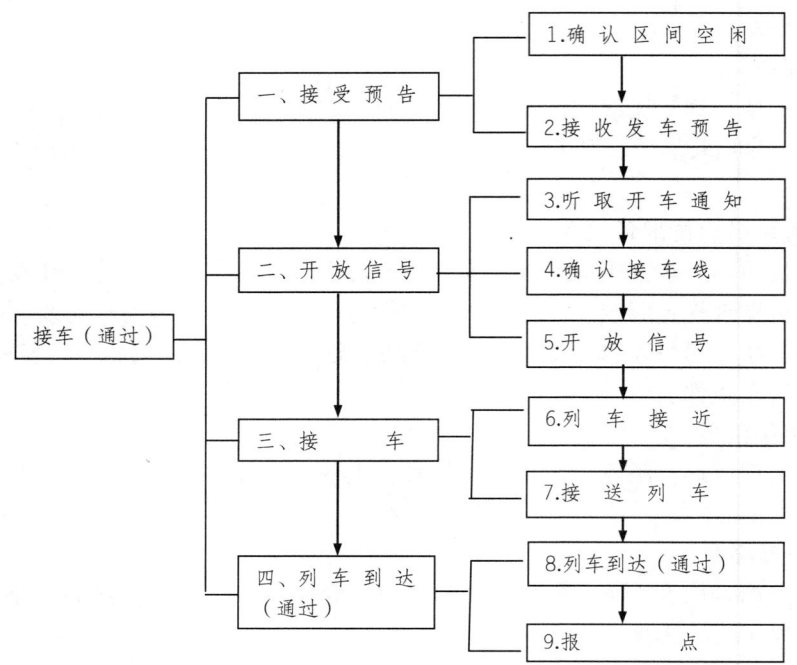

图 2-7　单线自动站间闭塞接车作业程序图

2. 接车作业方法及有关规定

1）接受预告

（1）确认区间空闲。

车站值班员接到发车站的预告时，应根据表示灯、《行车日志》及各种表示牌，确认区间空闲。使用计轴设备的应确认计轴计数器显示为零。

按列车运行计划核对车次、时刻、命令、指示。

（2）接受发车预告。

车站值班员接受发车站预告并复诵："×（次）预告"；列车预告后，按《站细》规定通知有关人员；填写《行车日志》，使用计算机报点系统时，填记"电子《行车日志》"。

车站值班员根据列车运行计划及具体作业情况，必要时与列车调度员核对车次，了解列车停、通、会作业时间等；根据接发车线路使用原则确定接车线。

车站值班员通知信号员（长）、助理值班员："×（次）、×道停车（通过或到开）"，并听取复诵。信号员（长）、助理值班员复诵并填写占线板（簿）。

2）开放信号

（1）听取开车通知。

车站值班员复诵发车站开车通知："×（次）、×（点）×（分）开（通过）"；填写《行车日志》；通知信号员（长）、助理值班员"×（次）开过来（了）"，并听取复诵；按《站细》规定通知有关人员。

（2）确认接车线。

确认接车线路空闲，口呼："×道空闲"。

通知信号员停止影响进路的调车作业，听取信号员报告影响进路的调车作业已停止。

（3）开放信号。

车站值班员必须亲自布置进路并听取进路准备妥当的报告。

开放信号时，认真执行"一看、二按（点击）、三确认、四呼唤"及"眼看、手指（标指）、口呼"制度，眼看、手指、口呼："进站"，按下始端按钮；眼看、手指、口呼："×道"（正线通过时，口呼："出站"），按下终端按钮。确认光带、信号显示正确，口呼："信号好（了）"。

车站值班员听到信号员报告后检查确认，应答："×道进站信号好（了）"。

列车通过时，应办理有关发车作业程序。

3）接　车

（1）列车接近。

① 车机联控。列车接近车站时，司机主动呼叫车站问路："×（站）×（次）接近"；车站值班员应正确指路："×（次）×（站）×道通过[停车]"；司机复诵："×（次）×道通过[停车]，司机明白"。

② 信号员通过控制台监视信号及进路表示。接近铃响（计算机联锁设备的接近铃响为语音提示）、光带（表示灯）变红，信号员再次确认信号开放正确，口呼："×（次）接近"。

③ 车站值班员再次确认信号正确，应答："×（次）接近"；通知助理值班员："×（次）接近，×道接车"，并听取复诵。动车组、特快旅客列车的通知接车时机，按《站细》规定。

④ 助理值班员携带列车无线调度通信设备，持规定信号旗（灯），到《站细》规定地点接车。跨越线路时，执行《安标》有关规定。

（2）接送列车。

助理值班员到《站细》规定地点接车。接通过列车时，眼看、手指出站信号，确认信号开放正确，口呼："×道出站信号好（了）"。

4）列车到达（通过）

（1）列车到达（通过）。

① 助理值班员监视列车进站，于列车停妥后返回。对通过列车，于列车尾部越过接车地点，确认列车尾部标志后返回，擦（划）掉占线板（簿）记载。接送列车中，发现列车有异状等问题时，应立即报告，同时按规定采取安全措施。

② 信号员通过控制台确认列车整列进入（通过）接车线、区间空闲（使用计轴设备的应确认计轴计数器显示归零）。口呼："×（次）到达（通过），×（站）区间空闲"。对通过列车擦（划）掉占线板（簿）记载。

③ 对通过列车，车站值班员通知接车站："×（次）、（×点）×（分）通过"，并听取复诵；填写《行车日志》，使用计算机报点系统时，填记"电子《行车日志》"。

（2）报点。

① 列车整列进入接车线后，车站值班员通知发车站："×（次）、×（点）×（分）到"，并听取复诵。

② 车站值班员向列车调度员报点："×（站）报点，×（次）、（×点）×（分）到（通过）"。设有计算机报点系统的按有关规定办理。

二、相关实践技能

（一）发车作业

1. 发车作业（设信号员）

单线自动站间闭塞集中联锁发车（设信号员）作业程序及技术要求，如表2-15所示。

表2-15 单线自动站间闭塞集中联锁（设信号员）发车作业程序及技术要求

作业程序		岗位作业技术要求			说明事项
程序	项目	车站值班员	信号员（长）	助理值班员	
一、发车预告	1. 确认区间空闲	（1）根据表示灯、《行车日志》及各种行车表示牌，确认区间空闲			使用计轴设备的应确认计轴计数器显示为零
	2. 发车预告	（2）向接车站发出："×（次）预告"，并听取复诵			
		（3）填写《行车日志》			使用计算机报点系统时，填记"电子《行车日志》"
二、开放信号	3. 开放信号	（4）通知信号员（长）："停止影响进路的调车作业"，并听取报告	（1）复诵："停止影响进路的调车作业"。确认停止后报告："影响进路的调车作业已停止"		停止调车作业时机，按《站细》规定。无影响进路的调车作业时，此项作业省略
		（5）通知信号员（长）："×（次）、×道发车，开放信号"。听取复诵无误后，命令："执行"	（2）复诵："×（次）、×道发车，开放信号"		
		（6）确认信号正确，应答："×道出站信号好（了）"	（3）开放出站信号，口呼："×道"，按下始端按钮；口呼："出站"，按下终端按钮。确认光带、信号显示正确，口呼："信号好（了）"		

续表

作业程序		岗位作业技术要求			说明事项
程序	项目	车站值班员	信号员（长）	助理值班员	
三、发车	4. 准备发车	（7）通知助理值班员："×（次）、×道发车"，并听取复诵		（1）复诵："×（次）、×道发车"	助理值班员在室外接发车时，可提前告知发车计划
	5. 确认发车条件		（4）通过控制台监视信号及进路表示	（2）发车前，眼看、手指出站信号，确认信号开放正确，口呼："×道出站信号好（了）"	动车组发车时，无（2）项作业
				（3）确认旅客上下、行包装卸和列检作业完了	其他发车条件的确认按《站细》规定动车组发车时，无此项作业
	6. 发车			（4）按规定站在适当地点，显示发车信号并应依式中转发车信号(使用列车无线调度通信设备及发车表示器发车时除外)	动车组发车时，无此项作业
四、列车出发	7. 监视列车	（8）列车起动，通知接车站："×（次）、（×点）×（分）开"，并听取复诵			
		（9）填写《行车日志》		（5）监视列车，于列车尾部越过发车地点，确认列车尾部标志后返回	使用计算机报点系统时，填记"电子《行车日志》"
		（10）应答："好（了）"	（5）通过控制台确认列车整列出站，口呼："×（次）出站"		
	8. 报点	（11）向列车调度员报点："×（站）报点，×（次）、（×点）×（分）开"	（6）擦（划）掉占线板（簿）记载	（6）擦（划）掉占线板（簿）记载	使用计算机报点系统时，通过系统报点
	9. 接受到达通知	（12）复诵接车站列车到达通知："×（次）、（×点）×（分）到"	（7）确认表示灯熄灭、区间空闲		使用计轴设备的应确认计轴计数器显示归零
		（13）填写《行车日志》			使用计算机报点系统时，填记"电子《行车日志》"

2. 发车作业（未设信号员）

单线自动站间闭塞集中联锁（未设信号员）发车作业程序及技术要求，如表2-16所示。

表2-16 单线自动站间闭塞集中联锁（未设信号员）发车作业程序及技术要求

作业程序		岗位作业技术要求		说明事项
程序	项目	车站值班员	助理值班员	
一、发车预告	1. 确认区间空闲	（1）根据表示灯、《行车日志》及各种行车表示牌，确认区间空闲		使用计轴设备的应确认计轴计数器显示为零
	2. 发车预告	（2）向接车站发出："×（次）预告"，并听取复诵		
		（3）填写《行车日志》		使用计算机报点系统时，填记"电子《行车日志》"
二、开放信号	3. 开放信号	（4）确认影响进路的调车作业已停止。确认停止后，口呼："影响进路的调车作业已停止"		停止调车作业时机，按《站细》规定。无影响进路的调车作业时，此项作业省略
		（5）开放出站信号，口呼："×道"，按下始端按钮，口呼："出站"，按下终端按钮。确认光带（表示灯）、信号显示正确，口呼："信号好（了）"	（1）通过控制台确认信号正确，应答："×道出站信号好（了）"	助理值班员在室外接发车时，（1）项作业省略
三、发车	4. 准备发车	（6）通知助理值班员："×（次）、×道发车"，并听取复诵。	（2）复诵："×（次）、×道发车"	助理值班员在室外接发车时，可提前告知发车计划
	5. 确认发车条件	（7）通过控制台监视信号及进路表示	（3）发车前，眼看、手指出站信号，确认信号开放正确，口呼："×道出站信号好（了）"	动车组发车时，无（3）项作业
			（4）确认旅客上下、行包装卸和列检作业完了	其他发车条件的确认按《站细》规定 动车组发车时，无此项作业
	6. 发车		（5）按规定站在适当地点，显示发车信号并应依式中转发车信号（使用列车无线调度通信设备及发车表示器发车时除外）	动车组发车时，无此项作业

续表

作业程序		岗位作业技术要求		说明事项
程序	项目	车站值班员	助理值班员	
四、列车出发	7. 监视列车	（8）列车起动，通知接车站："×（次）、（×点）×（分）开"，并听取复诵		
		（9）填写《行车日志》		使用计算机报点系统时，填记"电子《行车日志》"
		（10）通过控制台确认列车整列出站	（6）监视列车，于列车尾部越过发车地点，确认列车尾部标志后返回	
	8. 报点	（11）向列车调度员报点："×（站）报点，×（次）、（×点）×（分）开"	（7）擦（划）掉占线板（簿）记载	使用计算机报点系统时，通过系统报点。
	9. 接受到达通知	（12）复诵接车站列车到达通知确认表示灯熄灭、区间空闲		使用计轴设备的应确认计轴计数器显示归零
		（13）填写《行车日志》		使用计算机报点系统时，填记"电子《行车日志》"

（二）接车（通过）作业

1. 接车（通过）作业（设信号员）

单线自动站间闭塞集中联锁（设信号员）接车作业程序及技术要求，如表2-17所示。

表2-17 单线自动站间闭塞集中联锁（设信号员）接车作业程序及技术要求

作业程序		岗位作业技术要求			说明事项
程序	项目	车站值班员	信号员（长）	助理值班员	
一、接受预告	1. 确认区间空闲	（1）听取发车站预告			
		（2）根据表示灯、《行车日志》及各种行车表示牌，确认区间空闲			使用计轴设备的应确认计轴计数器显示为零
		（3）按列车运行计划核对车次、时刻、命令、指示			

续表

作业程序		岗位作业技术要求			说明事项
程序	项目	车站值班员	信号员（长）	助理值班员	
一、接受预告	2. 接受发车预告	（4）接受发车站预告并复诵："×（次）预告"			列车预告后，按《站细》规定通知有关人员
		（5）填写《行车日志》			使用计算机报点系统时，填记"电子《行车日志》"
		（6）通知信号员（长）："×（次）预告"，并听取复诵	（1）复诵："×（次）预告"		
		（7）必要时与列车调度员核对车次，了解列车停、通、会作业时间等			
		（8）确定接车线			
		（9）通知信号员（长）、助理值班员："×（次）、×道停车（通过或到开）"，并听取复诵	（2）复诵："×（次）、×道停车（通过或到开）"，并填写占线板（簿）	（1）复诵："×（次）、×道停车（通过或到开）"，并填写占线板（簿）	
二、开放信号	3. 听取开车通知	（10）复诵发车站开车通知："×（次）、（×点×分）开（通过）"			
		（11）填写《行车日志》			使用计算机报点系统时，填记"电子《行车日志》"
		（12）通知信号员（长）及助理值班员："×（次）开过来（了）"，并听取复诵	（3）复诵："×（次）开过来（了）"	（2）复诵："×（次）开过来（了）"	
		（13）按《站细》规定通知有关人员。			
	4. 确认接车线	（14）确认接车线路空闲			
		（15）通知信号员（长）："停止影响进路的调车作业"，并听取报告	（4）复诵："停止影响进路的调车作业"。确认停止后报告："影响进路的调车作业已停止"		停止调车作业时机，按《站细》规定。无影响进路的调车作业时，此项作业省略

续表

作业程序		岗位作业技术要求			说明事项
程序	项目	车站值班员	信号员（长）	助理值班员	
二、开放信号	5. 开放信号	（16）通知信号员（长）："×（次）、×道停车（通过），开放信号"。听取复诵无误后，命令："执行"	（5）复诵："×（次）、×道停车（通过），开放信号"		
		（17）确认信号正确，应答："×道进站信号好（了）"[通过时，应答："×道进、出站信号好（了）"]	（6）开放进站信号，口呼："进站"，按下始端按钮；口呼"×道"（正线通过时，口呼"出站"），按下终端按钮。确认光带、信号显示正确，口呼："信号好（了）"		列车通过时，应办理有关发车作业程序
三、接车	6. 列车接近		（7）通过控制台监视信号及进路表示		
		（18）再次确认信号正确，应答："×（次）接近"	（8）接近铃响、光带变红，再次确认信号开放正确，口呼："×（次）接近"		计算机联锁设备的接近铃响为语音提示
		（19）通知助理值班员："×（次）接近，×道接车"，并听取复诵		（3）复诵："×（次）接近，×道接车"	动车组、特快旅客列车的通知接车时机，按《站细》规定
	7. 接送列车			（4）到《站细》规定地点接车。接通过列车时，眼看、手指出站信号，确认信号开放正确，口呼："×道出站信号好（了）"	
四、列车到达（通过）	8. 列车到达（通过）		（9）通过控制台监视进路、信号及列车进（出）站	（5）监视列车进站，于列车停妥后返回。通过列车，于列车尾部越过接车地点，确认列车尾部标志后返回	

续表

作业程序		岗位作业技术要求			说明事项
程序	项目	车站值班员	信号员（长）	助理值班员	
四、列车到达（通过）	8.列车到达（通过）		（10）通过控制台确认列车整列进入（通过）接车线、区间空闲。口呼："×（次）到达（通过），×（站）区间空闲"		使用计轴设备的应确认计轴计数器显示归零
		（20）应答："好(了)"			
		（21）对通过列车通知接车站："×（次）、（×点）（×分）通过"，并听取复诵	（11）对通过列车擦(划)掉占线板(簿)记载	（6）对通过列车擦（划）掉占线板（簿）记载	
		（22）填写《行车日志》			使用计算机报点系统时，填记"电子《行车日志》"
	9.报点	（23）通知发车站："×（次）、（×点）（×分）到"，并听取复诵			
		（24）向列车调度员报点："×（站）报点，×（次）、（×点）（×分）到（通过）"			使用计算机报点系统时，通过系统报点

2. 接车（通过）作业（未设信号员）

单线自动站间闭塞集中联锁（未设信号员）接车作业程序及技术要求，如表2-18所示。

表2-17 单线自动站间闭塞集中联锁（未设信号员）接车作业程序及技术要求

作业程序		岗位作业技术要求		说明事项
程序	项目	车站值班员	助理值班员	
一、接受预告	1.确认区间空闲	（1）听取发车站预告		
		（2）根据表示灯《行车日志》及各种行车表示牌，确认区间空闲		使用计轴设备的应确认计轴计数器显示为零
		（3）按列车运行计划核对车次、时刻、命令、指示		
	2.接受发车预告	（4）接受发车站预告并复诵："×（次）预告"		列车预告后，按《站细》规定通知有关人员

续表

作业程序		岗位作业技术要求		说明事项
程序	项目	车站值班员	助理值班员	
一、接受预告	2. 接受发车预告	（5）填写《行车日志》		使用计算机报点系统时，填记"电子《行车日志》"
		（6）必要时与列车调度员核对车次，了解列车停、通、会作业时间等		
		（7）确定接车线		
		（8）通知助理值班员："×（次）、×道停车(通过或到开)"，并听取复诵	（1）复诵："×（次）、×道停车（通过或到开）"，并填写占线板（簿）	
二、开放信号	3. 听取开车通知	（9）复诵发车站开车通知："×（次）、（×点）×（分）开（通过）"		
		（10）填写《行车日志》		使用计算机报点系统时，填记"电子《行车日志》"
		（11）通知助理值班员："×（次）开过来（了）"，并听取复诵	（2）复诵："×（次）开过来（了）"	
		（12）按《站细》规定通知有关人员		
	4. 确认接车线	（13）确认接车线路空闲		
		（14）停止影响进路的调车作业。确认停止后，口呼："影响进路的调车作业已停止"		停止调车作业时机，按《站细》规定。无影响进路的调车作业时，此项作业省略。
	5. 开放信号	（15）开放进站信号，口呼："进站"，按下始端按钮；口呼："×道"（正线通过时，口呼："出站"），按下终端按钮。确认光带（表示灯）、信号显示正确，口呼："信号好（了）"	（3）通过控制台确认信号正确，应答："×道进站信号好（了）"[通过时，确认信号正确，应答："×道进、出站信号好（了）"]	列车通过时，应办理有关发车作业程序。助理值班员在室外接发车时，（3）项作业省略
三、接车	6. 列车接近	（16）通过控制台监视信号及进路表示		
		（17）接近铃响、光带变红，再次确认信号开放正确		计算机联锁设备的接近铃响为语音提示

续表

作业程序		岗位作业技术要求		说明事项
程序	项目	车站值班员	助理值班员	
三、接车	6. 列车接近	（18）通知助理值班员："×（次）接近，×道接车"，并听取复诵	（4）通过控制台再次确认信号正确，复诵："×（次）接近，×道接车"	动车组、特快旅客列车的通知接车时机，按《站细》
	7. 接送列车		（5）到《站细》规定地点接车。接通过列车时，眼看、手指出站信号，确认信号开放正确，口呼："×道出站信号好（了）"	
四、列车到达（通过）	8. 列车到达（通过）	（19）通过控制台监视进路、信号及列车进（出）站	（6）监视列车进站，于列车停妥后返回。通过列车，于列车尾部越过接车地点，确认列车尾部标志，按规定显示互检信号后返回	
		（20）通过控制台确认列车整列进入（通过）接车线、区间空闲		使用计轴设备的应确认计轴计数器显示归零
		（21）对通过列车通知接车站："×（次）、（×点）×（分）通过"，并听取复诵	（7）对通过列车擦（划）掉占线板（簿）记载	
		（22）填写《行车日志》		使用计算机报点系统时，填记"电子《行车日志》"
	9. 报点	（23）通知发车站："×（次）、（×点）×（分）到"，并听取复诵		
		（24）向列车调度员报点："×（站）报点，×（次）、（×点）×（分）到（通过）"		使用计算机报点系统时，通过系统报点

【实训练习】

1. 单线自动站间闭塞接、发旅客列车作业。

（1）已知条件。

① 阶段计划：旅客列车 1117 次 22：00 到，22：15 开。

② 相邻区间上下行客货列车运行时分均为 10 min。

③ 无影响进路的调车作业。

（2）演练要求。

执行接发列车作业标准和车机联控作业标准，办理接、发 1117 次旅客列车作业。

2. 单线自动站间闭塞接发货物列车作业。

（1）已知条件。

① 阶段计划：21114 次 10：30 到，10：40 开。

② 相邻区间上下行客（货）列车运行时分为 8（10）min。

③ 有影响进路的调车作业。

（2）演练要求。

执行接发列车作业标准和车机联控作业标准，办理接、发 21114 次货物列车作业。

【复习思考题】

1. 自动闭塞正常情况下的行车凭证是什么？
2. 哪些作业是影响列车进路的调车作业？
3. 接送列车时应注意哪些事项？
4. 接发列车线路的使用原则是什么？
5. 正线、到发线停留车辆有哪些要求？
6. 车站值班员办理闭塞前，如何确认区间空闲？
7. 半自动闭塞设备使用特点是什么？
8. 单线半自动闭塞车站如何取得发车权？
9. 半自动闭塞正常情况下的行车凭证是什么？
10. 自动站间闭塞正常情况下的行车凭证是什么？
11. 自动站间闭塞车站发车前，如何确认区间空闲？

【拓展知识】

一、高速铁路车务应急值守人员职责

集控站正常情况下由列车调度员负责指挥和办理接发列车，同时要求在车站行车室设置车务应急值守人员，一是在设备故障、施工维修、非正常等情况下协助列车调度员办理相关作业；二是在集控站转为车站控制时，根据列车调度员指示，担当车站值班员，负责指挥和办理车站有关行车作业。

二、高速铁路车务应急值守人员接发列车作业标准

1. 接车作业程序及要求

作业程序		岗位作业标准	说明事项
程序	项目	车站值班员	
一、接受预告	1. 接受预告	（1）接受发车站车站值班员（列车调度员）预告并复诵："××（次）预告"	
		（2）在电子《行车日志》中同意预告；在《班计划表》相应车次栏打"√"	遇无法填记电子《行车日志》时，填记书面《行车日志》
	2. 准备接车	（3）按列车运行计划核对车次、时刻、股道、命令、指示，必要时与列车调度员联系	
		（4）确定接车线。条件具备时，在 ILOCK 系统相应股道添加到达车次，钮解股道接车终端按钮	接发动车组无法按"五固定"时，要及时与列车调度员汇报，申请调度命令

续表

作业程序		岗位作业标准	说明事项
程序	项目	车站值班员	
二、开放信号	3. 确认接车线	（5）复诵发车站（列车调度员）开车通知："××（次）×（点）×分开（通过）"；在《班计划》"邻站发车"栏打"√"	
		（6）核对电子《行车日志》《班计划表》	遇列车开车（通过）无法自动采点时，手工填记电子《行车日志》；遇电子《行车日志》无法使用时，填记书面《行车日志》
		（7）通知司机本站已转非常站控模式并听取复诵，用语："××（次）司机，××站已转非常站控"	
		（8）通知客运人员	
		（9）确认接车线路空闲，并通过CTC终端再次确认车序	区间有多趟列车运行时，注意重点注意列车顺序
		（10）停止影响进路的调车作业。确认停止后，口呼："影响进路的调车作业已停止"	提前10分钟停止调车作业；无影响进路的调车作业时，此项作业省略
	4. 开放信号	（11）需要点灯的情况下点灯	遇下列情况，车站进出站信号机应点灯：①接入列控车载设备故障转入隔离模式的列车；②接入机车信号和LKJ故障的列车时；③接发施工路用列车时④在未设调车信号机的车站或线路上进行调车作业以及需越出站界调车时
		（12）开放进站信号。用语"XX次X道接车开放信号"；口呼："进站"，按下始端按钮；口呼："×道"（正线通过时，口呼："出站"）按下终端按钮。确认光带、信号显示正确，口呼："信号好（了）"；钮封股道发车按钮	列车通过时，应办理有关发车程序
		（13）执行车机联控	①动车组列车运行中不进行车机联控；车站由分散自律控制模式转为非常站控，且按电话闭塞法行车时，应执行车机联控，车站值班员应主动呼叫司机。②非动车组运行均需车机联控。③不需要车机联控时，此项省略

续表

作业程序		岗位作业标准	说明事项
程序	项目	车站值班员	
三、列车到达（通过）	5. 列车到达（通过）	（14）通过控制台监视进路、信号及列车进（出）站	
		（15）通过控制台确认列车进入（通过）接车线	
		（16）对通过列车通知接车站（列车调度员）："××（次）×（点）×（分）通过"，并听取复诵	接车站为非常站控模式时，向接车站车站值班员报点；接车站为分散自律模式时，向管辖接车站的列车调度员报点
		（17）核对电子《行车日志》	遇列车开车（通过）无法自动采点时，手工填记电子《行车日志》；遇电子《行车日志》无法使用时，填记书面《行车日志》
	6. 报点	（18）向列车调度员报点："×站报点，××（次）×（点）×（分）到（通过）"；到达车次还需待列车采点后通过CTC修改折返车次	本站计算机报点系统故障且接车站为非常站控模式时，执行此项，否则此项省略

2. 发车作业程序及要求

作业程序		岗位作业标准	说明事项
程序	项目	车站值班员	
一、发车预告	1. 发车预告	（1）按列车运行图、《班计划》、调度阶段计划核对线别、车次、股道、时刻、命令、指示无误后，向接车站（列车调度员）发出："×（次）预告"，并听取复诵；在《班计划》相应车次栏打"√"	接车站为非常站控模式时，向接车站车站值班员办理预告；接车站为分散自律模式时，向接车站管辖的列车调度员办理预告
		（2）通过电子《行车日志》发出预告。钮解相应股道发车始端信号按钮	遇电子《行车日志》故障时，填记书面《行车日志》；邻站为分散自律时，此项省略
二、开放信号	2. 开放信号	（3）停止影响进路的调车作业。确认停止后，口呼："影响进路的调车作业已停止"	提前10分钟停止影响进路的调车作业。无影响进路的调车作业时，此项作业省略
		（4）检查确认第一离去区段空闲（或区间空闲）	发车不需要点灯时，确认第一离去区段空闲；发车需要点灯时，确认区间空闲

作业程序		岗位作业标准	说明事项
程序	项目	车站值班员	
二、开放信号	2. 开放信号	（5）需要点灯的情况下点灯，用语："×道点灯"，并点亮相应发车端出发信号灯	遇下列情况，车站进出站信号机应点灯：①接入列控车载设备故障转入隔离模式的列车；②接入机车信号和LKJ故障的列车时；③接发施工路用列车时（城际铁路此项不点灯）④在未设调车信号机的车站或线路上进行调车作业以及需越出站界调车时
		（6）开放出站信号，用语："×道×次发车开放信号"；口呼："×道"，按下始端按钮；口呼："出站"，按下终端按钮。确认光带、信号显示正确，口呼："信号好（了）"	
		（7）按规定车机联控	①动车组列车运行中不进行车机联控；车站由分散自律控制模式转为非常站控，且按电话闭塞法行车时，应执行车机联控，车站值班员应主动呼叫司机；②非动车组运行均需车机联控。不需要车机联控时，此项省略
三、列车出发	3. 监视列车	（8）列车启动，通知接车站（列车调度员）："××（次）（×点）×（分）开"，并听取复诵	接车站为非常站控模式时，通知接车站车站值班员；接车站为分散自律模式时，向接管辖车站的列车调度员报点
		（9）核对《行车日志》	遇列车开车后无法自动采点时，手工填记电子《行车日志》；遇电子《行车日志》无法使用时，填记书面《行车日志》
		（10）通过控制台确认列车整列出站。钮封股道出发信号机按钮	
	4. 报点	（11）向列车调度员报点："×站报点，××（次）×（点）×（分）开"	本站计算机报点系统故障且接车站为非常站控模式时，执行此项，否则，此项省略

项目三　非正常情况下接发列车作业

【项目描述】

非正常情况接发列车是指因行车设备故障、施工（维修）、停电、运行条件或自然条件发生变化等特殊情况下，为保证运输生产连续不断，而临时采用的行车办法。该项目是基于电话闭塞无联锁（含联锁失效或部分失效）及向封锁区间开行路用列车或救援列车的接发列车作业。在整个接发列车作业过程中，严格按照《接发列车作业》（TB/T 1500.6）进行作业，并认真贯彻实行《技规》《行规》《站细》《调规》《控标》《安标》的有关规定。

【教学目标】

1. 知识目标

（1）熟悉非正常情况下接发列车安全控制图。
（2）掌握电话闭塞的使用时机。
（3）掌握引导接车办法及有关规定。
（4）掌握各种情况的书面行车凭证及填写方法。
（5）掌握车机联控的时机及用语。
（6）掌握信号机故障接发列车的有关规定。
（7）掌握轨道电路故障接发列车的有关规定。
（8）了解一切电话中断的行车办法。
（9）掌握反方向或双线改按单线行车办法。
（10）掌握非到发线接列发车办法。
（11）理解站内无空闲线路接车办法。
（12）掌握接发特殊列车的办法。
（13）掌握列车分部运行及列车退行办法。
（14）掌握封锁区间开行路用列车的办法。
（15）掌握封锁区间开行救援列车的办法。

2. 能力目标

（1）会在无联锁（或联锁失效）情况下准备列车进路。
（2）会手摇道岔并对道岔进行加锁。
（3）会正确填写"运统-46"。
（4）会填写各种行车凭证。

（5）按照 TB/T 1500.6 办理电话闭塞无联锁接发列车作业。
（6）会办理进站信号机故障接车作业。
（7）会办理出站信号机故障发车作业。
（8）会办理轨道电路故障接发列车作业。
（9）会办理双线反方向或双线改按单线接发列车作业。
（10）会在线路施工（维修）时接发路用列车。

3. 素质目标

（1）保持积极向上的学习态度。
（2）养成严谨、认真、细致的工作态度和工作作风。
（3）树立遵章守纪、团队协作、协调沟通、大局观念及安全责任意识。

任务一　行车设备故障接发列车作业

一、相关知识

行车设备故障是导致联锁关系失效的直接原因。行车设备故障主要有进站（进路）信号机故障、出站信号机故障、轨道电路故障、道岔失去表示、区间通过信号机故障、停电、一切电话中断等情况。发生行车设备故障的情况，就必然涉及设备部门的检查、维修等，所以车站值班员应清楚设备故障处理程序及程序中所涉及的用语、"行车设备检查登记簿"（以下简称"运统-46"）的填写、调度命令的请求与接收，并判断接发列车作业的依据及确定作业方法。

（一）行车设备故障处理程序

无论何时发生行车设备故障，车站作业人员均应及时报告车站值班员。车站值班员应根据行车设备故障情况做出初步判断，并及时进行应变处理。行车设备故障处理程序，如图3-1所示。

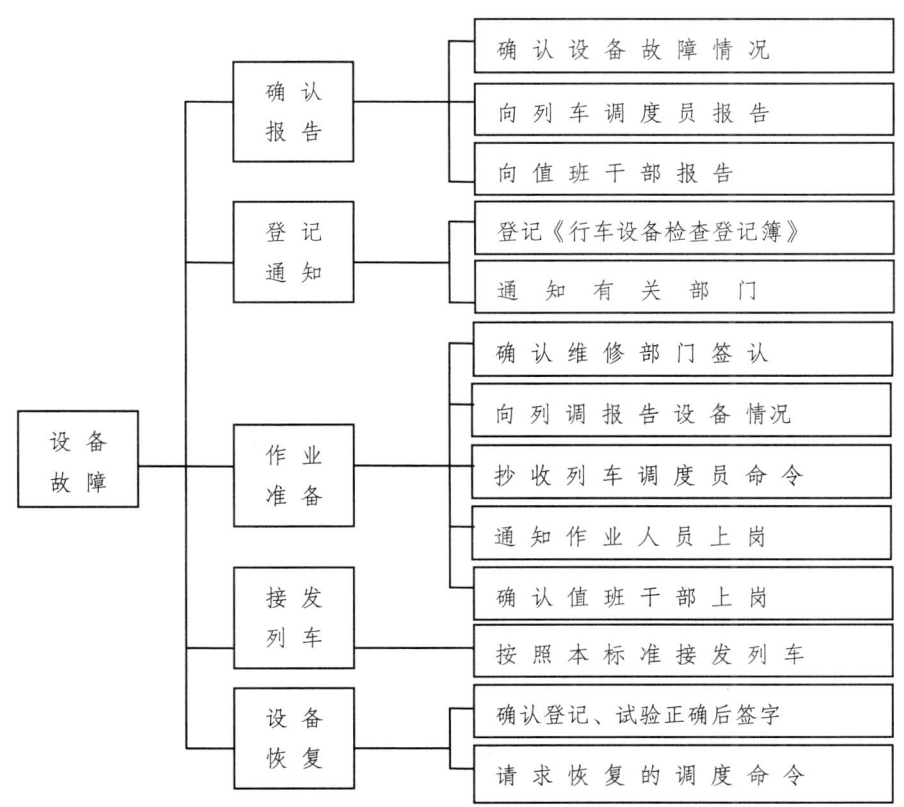

图3-1　行车设备故障处理程序

1. 确认报告

车站值班员主要通过信号员、助理值班员等确认故障的地点、现象及有无影响行车安全的障碍物等，及时报告列车调度员、值班干部，以便他们了解现场情况，组织故障处理及指挥列车运行。

2. 登记通知

发生行车设备故障后，为及时修复设备，以保证车站接发列车及调车作业安全，要求车站值班员应及时通知工务、电务、供电等设备相关部门，并在"运统-46"上进行登记，登记事项包括登记的时间、地点、现象、职务、姓名、通知时间、设备部门及人员姓名。

"运统-46"是行车与设备部门对设备不良情况的记录，格式如表3-1所示。

表3-1　行车设备检查登记簿

月日	时分	检查试验结果，所发现的不良及破损程度	通知时间		通知的方法（用电报、电话、书面或口头）
			月日	时分	
8/6	10：11	×区段出现红光带	8/6	10：12	电话
		车站值班员：李×			工务：王×
			8/6	10：13	电话
					电务：张×

3. 作业准备

相关设备部门人员到达车站后对设备进行检查，把检查结果登记在"运统-46"上，如表3-2所示。

表3-2　行车设备检查登记簿

到达时间			消除不良及破损的时分及盖章		
月日	时分	该段的工作人员到达后盖章	月日	时分	破损及不良的原因，采用何种办法进行修理的。工作人员及车站值班员盖章
8/6	10：14	王×	8/6	10：15	工务设备正常
					××工务段：王×
					车站值班员：李×
8/6	10：16	张×	8/6	10：18	×区段因××原因红光带故障，暂时不能修复
					电务：张×
					车站值班员：李×

车站值班员确认工务、电务或供电部门检查结果，报告列车调度员并请求及接收调度命令。列车调度员根据车站值班员的报告及请求下达调度命令。车站值班员将调度命令登记在《技规》附件七"调度命令登记簿"上，如表3-3所示。根据需要再誊抄在附件四"调度命令"

上，如图 3-4 所示，或在车站 TDCS 系统上接收后直接打印，如图 3-5 所示。通知作业人员上岗，确定接发列车作业方法（多方向车站要核对列车运行计划）。

表 3-3 调度命令登记簿

月日	发出时刻	命令			复诵人姓名	接受命令人姓名	调度员姓名	阅读时刻（签名）
		号码	受令及抄知处所	内容				
16/3	9：15	1411	×站，交K216司机	根据×站报告，因×站上行进站信号机故障，自接令时起，k216次列车凭引导手信号运行	马六	马六	王二	李五

表 3-4 调度命令（纸质版）

<u>2015</u>年<u>3</u>月<u>16</u>日<u>9</u>时<u>15</u>分　　　　　　　　　　　　　　　　第<u>1401</u>号

受令处所	×站，交K216司机	调度员姓名	王二
内　容	根据×站报告，因×站上行进站信号机故障，自接令时起，K216次列车凭引导手信号运行。		

（规格 110 mm×160 mm）　　　　　　　　　受令车站　<u>×站</u>　车站值班员　<u>马　六</u>

表 3-5 调度命令（电子版）

命令号码：第<u>1401</u>号　　<u>2015</u>年<u>3</u>月<u>16</u>日<u>9</u>时<u>15</u>分　　　　发令人：王二

受令处所	×站，交K216司机	受令情况
内　容	根据×站报告，因×站上行进站信号机故障，自接令时起，K216次列车凭引导手信号运行	

（规格 110 mm×160 mm）　　　　　　　　　受令车站　<u>×站</u>　车站值班员　<u>马　六</u>

4. 接发列车

车站值班员根据确定的接发列车作业方法，行车设备故障的时机、影响，按照接发列车作业程序完成接车或发车作业。

5. 设备恢复

设备部门人员将设备维修好后，在"运统-46"内销记。车站值班员确认登记结果，对设备进行试验后签字，再报告列车调度员，必要时请求正常接发列车作业的调度命令。

（二）电话闭塞法行车

电话闭塞法是当基本闭塞设备不能使用时，根据列车调度员的命令所采用的一种代用闭塞法。遇列车调度电话不通时，闭塞法的变更或恢复，应由该区间两端站的车站值班员确认区间空闲后，直接以电话记录办理。列车调度电话恢复正常时，两端站车站值班员应及时向列车调度员报告。

采用电话闭塞法行车时，无论单线还是双线区段，均按站间区间办理。在没有设备控制的条件下，仅凭闭塞电话联系，以电话记录号码为依据来实现同一区间、同一时间、只准一趟列车运行的行车方法。它的优点是在基本闭塞设备故障或因施工、停电不能使用时，能保持车站不间断地接发列车；缺点是安全性相对较差。

1. 使用电话闭塞法行车的情况

根据《技规》规定，遇下列情况，应停止使用基本闭塞法，改用电话闭塞法行车：

（1）基本闭塞设备发生故障导致基本闭塞法不能使用、自动闭塞区间内两架及以上通过信号机故障或灯光熄灭时。

自动闭塞设备发生故障，不能正常办理行车，因此要停止使用，改电话闭塞法行车。例如：自动闭塞电源停电，区间所有通过色灯信号机灭灯，列车没有进入闭塞分区的行车凭证。

自动闭塞区间内如果有两架及以上通过信号机故障或灯光熄灭，势必造成每趟列车都须在两架及以上通过信号机前停车、等候 2 min，再以最高不超过 20 km/h 的速度运行。这样既降低了列车的运行速度，而且有进入不空闲闭塞分区的危险。既降低了行车效率，又难以保证安全，停基改电是最好的解决方案。

半自动和自动站间闭塞设备发生故障的情况有：未办闭塞或办理闭塞时，闭塞机表示灯显示错误；列车进入区间或到达车站时，因轨道电路故障，造成闭塞表示灯显示错误；出站信号机故障或灯光熄灭；使用故障按钮不能办理复原等。这些都不能构成半自动控制，都不能以出站信号机显示的允许运行的信号作为列车占用区间的凭证，所以应当停止使用。

（2）无双向闭塞设备的双线区间反方向发车或改按单线行车时。

双线区间有的未设双向闭塞设备，所以无论是反方向发车，还是改按单线行车，发车站都无法开放反方向的出站信号机，列车进入区间无凭证，必须使用电话闭塞法行车。

当双线改按单线行车时，由于未设双向闭塞设备，原反方向发车站必须改用电话闭塞法。对于该区间原定正方向的车站来说，即使能用基本闭塞发出列车，也不允许使用。因为在同一区间、同一条正线上，电话闭塞法和基本闭塞法交替使用，容易造成对向列车进入同一区间，造成严重后果。

（3）发出由区间返回的列车，或发出挂有由区间返回后部补机的列车时。

半自动闭塞区间，发出由区间返回的列车，由于列车不到达前方站，未驶入前方站的接车轨道电路，闭塞机不能正常办理复原。当列车返回原发车站后，双方站控制台上闭塞表示灯仍着红灯（占用表示），事前须由接车站值班员向列车调度员申请使用故障按钮办理人工复原，事后还需登记"运统-46"并通知电务补封，手续多且不安全，所以应停止使用。

在自动闭塞区间,不能从设备上保证补机或列车未返回发车站前不再向该区间发出列车。为防止车站错误办理，向占用区间再发出列车，造成严重后果，因此必须停用自动闭塞法。

在半自动闭塞区间，发出挂有由区间返回的后部补机的列车时，列车到达前方站，而补机尚未返回发车站，两邻站可以办理区间开通手续，这样容易造成向占用区间发出列车。

（4）自动站间闭塞、半自动闭塞区间，由未设出站信号机的线路上发车，或超长列车头部越过出站信号机并压上出站方面轨道电路发车时。

自动站间闭塞、半自动闭塞区间，由未设出站信号机的线路上发车，或超长列车头部越过出站信号机并压上出站方面的轨道电路时，前者因未设出站信号机，列车进入区间无凭证；

后者因发车方面轨道电路已被超长列车头部占用，无法办理闭塞、出站信号机开放不了，因此必须停用基本闭塞法。

（5）在夜间或遇降雾、暴风雨雪，为消除线路故障或执行特殊任务，开行轻型车辆时。

根据《技规》规定，轻型车辆在夜间或遇降雾、暴风雨时，仅限于消除线路故障或执行特殊任务时使用，应按列车办理。轻型车辆装有绝缘车轴，如用基本闭塞法，无法使轨道电路动作实现闭塞条件，因此应停止使用基本闭塞法。

2. 发出电话记录号码的情况

（1）承认闭塞。
（2）列车到达，补机返回。
（3）取消闭塞。
（4）单线或双线反方向越出站界调车。

电话记录号码是接车站承认闭塞的证据，是发车站填写路票的依据。电话记录号码具有法律效力，车站值班员发出的电话记录号码直接关系到区间的空闲与占用，关系到列车进入区间的安全。无论是发出还是收到电话记录号码，都应及时记入《行车日志》。

电话记录号码由车站事先编定，号码顺序杂乱无章，防止对方猜测。用完一个，划掉一个，当日不得使用重号。

（三）无联锁进路的准备方法

1. 无联锁进路

无联锁进路是指在道岔、进路、信号之间建立的联锁关系因某一方不能正常动作，其联锁关系就不存在的进路或根本就没有建立联锁关系的进路。无联锁线路通常表现为无法建立联锁关系的非到发线或无双向闭塞设备反方向线路两种情况，也会在发生在已建立联锁关系但联锁关系失效的线路上。在无联锁线路上接发列车时，由于设备失控，安全系数较低，加之可能有人为产生的疏忽大意或违章违纪等不利因素，极易发生事故。

2. 无联锁进路的准备方法

1）准备方法

准备无联锁进路即转换无联锁进路上的道岔。在集中联锁的车站，转换道岔的方式有三种：一是通过按压（点击）调车进路始、终端按钮排列进路，也称集中操纵道岔；二是按压（点击）道岔总定（反）位按钮，同时按压（点击）道岔按钮，也称单独操纵道岔；三是现场手摇转辙机，称为现场操纵道岔。在准备进路时，可以根据设备故障对进路道岔的影响采用不同的方式来转换道岔。

2）道岔加锁规定

《技规》规定：在无联锁的线路上接发列车时，车站值班员除严格按接发列车手续办理外，并应将进路上无联锁的有关对向道岔及邻线上防护道岔加锁。进路上无联锁的分动外锁闭道岔无论对向或顺向，均应对密贴尖轨、斥离尖轨和可动心轨加锁。具体加锁办法，由铁路局规定。

对向道岔是指在接发列车进路上尖轨尖端指向来车方向的道岔，反之为顺向道岔。

防护道岔是能将本线路上的接发列车进路与邻线上的进路隔开的道岔。若其开通位置错误，则可能造成邻线上的机车车辆闯入接发列车进路。

对向道岔位于接发列车进路上，而防护道岔则位于接发列车进路的邻线上。

道岔加锁装置包括锁板、钩锁器、闭止把加锁及带柄标志加锁等装置。除在控制台上对道岔加锁外，我国铁路多使用钩锁器加锁道岔的方法，一般安装在距道岔尖轨尖端第一轨枕空档处。凡安装双转辙机的道岔除按规定在道岔前部加装钩锁器外，还要在道岔后部第二牵引点处距尖轨一侧再加装一把钩锁器。可动心轨道岔及交分道岔的活动心轨应使用专用钩锁器加锁。

（四）引导接车

凡进站或接车进路信号机不能使用或在双线区段有反方向开来列车而无进站信号机时，应使用引导信号或派引导人员接车，这种接车方式称为引导接车。

引导接车须报请列车调度员发布调度命令，并使用列车无线调度通信设备通知司机。

1. 引导接车的范围

（1）进站、接车进路信号机不能使用（包括进站、接车进路信号机故障、联锁失效、轨道电路发生故障、施工、停电等）时。

（2）向进站、接车进路信号机联锁范围以外的线路上接车时。

（3）双线区段有反方向开来列车而无进站信号机或引导信号不能使用（包括区间返回列车、补机、退回列车等）时。

当车站发生需办理引导接车的情况时，车站值班员应迅速查明原因，并经慎重确定后，方可按有关规定办理引导接车。要注意切不可因臆测、误判或本身操作失误，盲目办理引导接车而造成行车事故。

【案例】××年××月××日，6时40分，××站11308次于6时35分进Ⅱ道，计划交会22581次，22581次进3道。

办理22581次接车进路时，扳道员误将5号道岔开通Ⅱ道，车站值班员××未确认控制台表示，即盲目操纵"进站信号"及"3道"按钮，进站信号开放不了，仍未予确认，却误认为进站信号断丝（控制台断丝表示灯亮），即开放引导信号将22581次引导接入停有11308次的Ⅱ道，幸被司机及时发现，采取紧急制动，停车后距11308次仅12根枕木，构成性质极为恶劣的"向有车线接车"的一般C类行车事故。

可见，在接发列车作业中，遇有特殊情况而需办理引导接车时，必须情况明了，慎重确定，切不可盲目办理。

2. 引导接车方式

进站、接车进路信号机不能使用时，应开放引导信号。引导信号不能开放或无进站信号机时，应派引导人员接车。

1）引导信号接车

集中联锁设备的车站开放引导信号接车，按进路的锁闭方式分为引导进路锁闭接车和引导总锁闭接车两种。

（1）引导进路锁闭接车。

① 适用范围。

当进站、接车进路信号机发生故障不能开放允许信号或接车进路上（含延续进路）某一轨道区段发生红光带故障（不改变红光带区段道岔位置）时，采用引导进路锁闭方式接车。

② 作业过程。

（a）确认接车进路空闲。

派人现场检查，确认进路空闲，对出现红光带的轨道区段，必须派人现场检查有无机车车辆占用，报告列车调度员，通知站长（或值班干部，以下同）到岗，按规定登记"运统-46"，通知工务、电务部门处理。

（b）准备接车进路。

采用排列调车进路（排列后取消）或单独操纵道岔的方式，将道岔转换至所需要的位置。遇进路上道岔区段发生红光带故障，且该道岔的位置就是准备进路时所需要的位置，经过现场确认空闲后，应对该道岔实行单独锁闭。

（c）确认接车进路正确。

确认接车进路正确，关键是确认进路上的道岔开通位置。6502继电集中联锁应按压该咽喉区的接通光带按钮或通过道岔定、反位表示灯，确认进路开通正确。计算机联锁设备直接从显示屏上站场基本图形中道岔岔尖缺口位置，确认进路开通正确。

（d）开放引导信号。

登记"运统-46"，6502继电联锁破封（计算机联锁输入口令）、按压（点击）该咽喉区引导信号按钮。控制台接车进路亮白光带（故障轨道区段仍亮红光带），进站（接车进路）信号机的引导信号开放。

（e）列车到达后解锁进路。

当列车第一轮对越过进站（接车进路）信号机后，引导信号自动关闭。列车按进路方向对轨道区段逐段占用（亮红光带）、逐段出清（红光带熄灭）。列车经过后，亮红光带的故障轨道区段在工务、电务人员没有修复以前始终亮红光带。列车整列到达接车线警冲标内方后，控制台上接车进路仍亮白光带，说明进路还在锁闭状态。

解锁进路的方法是同时按压（点击）该咽喉区的"总人解"按钮和接车进路的始端按钮，不经延时白光带立即熄灭，进路解锁。

注意：列车到站后，在办理解锁接车进路的过程中，进路若出现重复锁闭，则上述办法不能解锁进路。例如，在信号机正常使用时已经建立了一条接车进路，白光带点亮，信号开放正确（进路第一次锁闭）。假如进路上某一轨道区段突然出现红光带，进站信号恢复红灯，但接车进路上仍有白光带保留，现场确认故障区段空闲后，按压引导信号按钮，开放引导信号（进路第二次锁闭）。这时列车到站后的进路解锁用上述办法就不能解锁，应采取区段故障解锁的方式实行逐段故障解锁。

（2）引导总锁闭接车。

① 适用范围。

当接车进路上某一组道岔失去表示（道岔被挤除外），接车进路上（含延续进路）某一轨道区段发生红光带故障（需改变红光带区段道岔位置）或向非信号机所属线路接车时，采用引导总锁闭方式接车。

② 作业过程。

(a) 确认接车进路空闲。

派人到现场检查确认接车进路空闲、失去表示的道岔无病害。报告列车调度员，通知站长到岗，登记"运统-46"，通知工务、电务部门处理。

(b) 准备接车进路。

对控制台上有表示的道岔通过排列调车进路或单操道岔将其转换至所需位置。对失去表示的道岔，派人现场确认开通位置，根据需要手摇至所需位置，确认尖轨与基本轨密贴，按规定加锁。

(c) 确认敌对进路未建立。

使用引导总锁闭接车，开放引导信号既不检查敌对进路，也不锁闭敌对信号。因此，车站值班员、信号员要认真检查确认无敌对进路建立，并采取相应措施（例如：在控制台上对敌对信号机加帽、卡或挂牌；对进路末端的分歧道岔开通邻线并进行单锁），以防误办。

(d) 确认接车进路正确。

6502继电联锁应按压该咽喉区接通光带按钮（仅能确认有表示的道岔位），确认进路开通是否正确。计算机联锁直接从显示屏上站场基本图形中道岔岔尖缺口位置，确认进路开通正确。对于失去表示的道岔，必须派人到现场确认道岔位置开通正确。手摇道岔应认真执行二人确认制度，确认道岔位置开通正确、尖轨与基本轨密贴，并按规定人工加锁。

(e) 开放引导信号。

破封（输入口令）按压（点击）该咽喉区引导总锁闭按钮（该咽喉区道岔实现全部锁闭），锁闭接车进路。破封（输入口令）按压（点击）引导信号按钮，进站（接车进路）信号机的引导信号开放，接车进路在控制台上无白光带显示。

(f) 列车到达后解锁进路。

列车第一轮对越过进站（接车进路）信号机后，引导信号自动关闭，列车按进路方向对轨道区段逐段占用（亮红光带）、逐段出清（红光带熄灭）。但失去表示的道岔区段，始终没有光带显示。确认列车整列到达后，拉出（再次点击）该咽喉区的引导总锁闭按钮，全咽喉区道岔解锁，完成进路解锁。

注意：有的车站因电路设计原因，完成进路解锁后，会出现该咽喉区的出站信号开放不了的现象。这时可同时按压总人工解锁按钮和列车进路的始端按钮，完成电路复原，出站信号机即可开放。

使用引导进路锁闭和引导总锁闭两种方式接车时，遇进站、接车进路信号机内方第一轨道区段出现红光带，开放的引导信号都不保留。6502继电联锁必须一直按压引导信号按钮不松手，直至列车头部越过进站（接车进路）信号机进入信号机内方第二轨道区段（或听取报告）。计算机联锁应在延时×s内（屏幕有信号保留的倒计时提示），不断点击引导信号按钮，保持引导信号一直处于开放状态。

2) 引导手信号接车

(1) 适用范围。

当进站、接车进路信号机红灯熄灭；无双向闭塞设备的双线区间有反方向开来列车而无进站信号机或施工、停电等情况时，采用引导手信号接车。

（2）作业过程。

① 确认进路空闲。

检查、确认接车进路空闲，报告列车调度员，通知站长（或值班干部，以下同）到岗，按规定登记"运统-46"，通知电务部门处理。

② 准备接车进路。

采用排列调车进路（调车进路不能完全锁闭整个进路时，其他道岔单独操纵并单独锁闭）或单独操纵进路上的道岔（含防护道岔）的方式，将道岔转换至所需要的位置。

③ 确认接车进路正确。

6502继电集中联锁应按压该咽喉区的接通光带按钮或通过道岔定、反位表示灯，确认进路开通正确。计算机联锁设备直接从显示屏上站场基本图形中道岔岔尖缺口位置，确认进路开通正确。

④ 派引导员显示引导手信号。

由引导人员接车时，应在引导员接车地点标处（未设的，引导人员应在进站信号机、进路信号机或站界标外方），显示引导手信号接车。

⑤ 列车到达后解锁进路。

列车全部进入接车线警冲标内方后，将进路上的单独锁闭道岔解锁。

（五）非正常情况下的行车凭证

长期以来，广大铁路职工在长期的生产实践中，摸索总结出确保接发列车作业安全的宝贵经验，即"严三控"（自控、互控、他控），"把三关"（闭塞关、进路关、信号凭证关）和"达四标"（上标准岗、干标准活、用标准语、交标准班）。"把三关"中的把好"信号凭证关"，就是要求车站行车人员在正常情况下接发列车时，严格按照《车站行车工作细则》（以下简称《站细》）规定时机正确及时地开闭信号；在非正常情况下接发列车时，正确及时地填写、交接行车凭证，确保各种情况下接发列车作业安全。

接发列车时，铁路行车凭证可分为两大类：一类是正常情况下采用的基本行车凭证，另一类是非正常情况下所采用的书面行车凭证。

非正常情况下接发列车使用的书面行车凭证有：

（1）路票（《技规》附件1）——使用电话闭塞法行车时列车进入区间的行车凭证。

（2）绿色许可证（《技规》附件2）——用于自动闭塞区段，出站或进路信号机不能按正常要求开放或在未设出站信号机的线路上发出列车时，列车进入出站方面第一闭塞分区的行车凭证。

（3）红色许可证（《技规》附件3）——用于一切电话中断时（自动闭塞设备作用良好除外），列车进入区间的行车凭证。

（4）调度命令（《技规》附件4）——用于向封锁区间开行救援列车或路用列车时，列车进入封锁区间的行车凭证。

（5）出站跟踪调车通知书（《技规》附件5）——用于出站、跟踪调车时，调车车列越出站界进入区间的行车凭证。该行车凭证虽然不是列车占用区间，但和列车占用区间的性质是一样的。因此，要求车站值班员在使用时应与填发列车的行车凭证一样对待。

对不同的行车凭证，本书会在不同的任务中进行各种书面行车凭证的填写及使用方法的介绍。

（六）进站信号机故障接车

1. 进站信号机允许灯光故障接车

1）故障现象

信号机灯丝"断双丝"直接造成断丝的灯光不能点亮。6502 控制台上允许灯光"断双丝"报警铃鸣响，开放信号机时复示器亮红灯。计算机联锁设备显示相应故障信息，并伴有语音提示。

2）接车作业组织

车站办理正线或到发线接停车列车开放信号时，进站信号复示器仍然点亮红灯，灯丝报警铃响，进站信号机不能开放，车站值班员听到信号员的报告后，应按非正常接车作业办法处理。

（1）车站值班员首先报告列车调度员，并通知车站值班干部上岗监控。

（2）登记"运统-46"，并通知电务人员现场检查。

（3）确认电务登记："×行进站信号机允许灯光不能开放，一时难以修复"，然后再次向列车调度员报告，请求并接收引导信号接车的调度命令。

（4）排列调车进路（排列后取消）或单独操纵道岔准备进路，确认进路正确后，采用引导进路锁闭方式接车。

（5）向司机转达引导信号接车调度命令号码及内容。

（6）确认列车全部进入接车线后，登记"运统-46"，按下"总人解"按钮和该进路始端按钮，进路上的白光带消失，进路解锁。

2. 进站信号机红灯熄灭接车

信号机红灯"断双丝"时，进站信号机及具备办理通过进路的正线出站信号机允许灯光不能点亮（允许灯光点亮检查红灯条件），其他出站信号机允许灯光可以点亮。

1）故障现象

进站信号机红灯"断双丝"时，6502 控制台上进站信号机复示器持续闪红灯，该侧灯丝报警灯亮红灯，并伴随报警铃鸣响，计算机联锁设备显示器显示相应故障信息，并伴有语音提示。

2）接车作业组织

进站信号机复示器持续闪红灯，进站信号机红灯熄灭，导致进站信号机不能显示进行信号和引导信号，只能采用引导手信号接车。

（1）通过设备确认信号机故障后，车站值班员首先报告列车调度员，并通知车站值班干部上岗监控。

（2）登记"运统-46"，并通知电务人员现场检查维修。

（3）确认电务登记"×行进站信号机红灯灯丝双断，一时难以修复"，然后再次向列车列车调度员报告，请求并接收引导手信号接车的调度命令。

（4）排列调车进路锁闭道岔（调车进路不能完全锁闭整个接车进路时，其他道岔单独操纵并锁闭），或单操单锁进路上的道岔（含防护道岔），确认进路正确，采用引导手信号方式接车。

（5）派引导员到引导地点显示引导手信号（昼间——展开的黄色信号旗高举头上左右摇动；夜间——黄色灯光高举头上左右摇动）接车。

（6）向司机转达引导手信号接车的调度命令号码及内容。

（7）确认列车全部进入接车线后，将进路上的单锁道岔解锁。

夜间确认进站信号机红灯熄灭后，应立即指派胜任人员到故障的进站信号机处，在信号机柱距钢轨顶面不低于 2 m 处，加挂信号灯，向区间方面显示红色灯光。

（七）出站信号机故障发车

《技规》规定：出站信号机发生故障时，除按规定交递行车凭证外，对通过列车应预告司机，并显示通过手信号。装有进路表示器或发车线路表示器的出站信号机，当该表示器不良时，由办理发车人员通知司机后，列车凭出站信号机的显示出发。

出站信号机故障不能显示进行信号时，出发列车无法取得正常情况下的基本行车凭证（出站信号机显示的允许运行信号），必须填发非正常情况的书面行车凭证。

1. 自动闭塞区段车站（区间未设通过信号机的除外）发车

1）绿色许可证

绿色许可证是自动闭塞区间列车由车站（车场）出发进入出站（出场）方面第一闭塞分区的书面行车凭证。它仅仅指示列车可以由车站（车场）出发运行到次一架通过信号机前。也就是说，它的历史使命是只管出站（出场）方面第一闭塞分区，当列车运行到防护第二闭塞分区的通过信号机前，应按其显示要求执行。

自动闭塞区段车站出站信号机故障或在未设出站信号机的线路上发车时，仍然按自动闭塞法行车，列车出发进入出站方面第一闭塞分区的行车凭证为绿色许可证。

（1）自动闭塞区段特殊情况的行车凭证

自动闭塞区段遇下列情况发车的行车凭证，如表 3-6 所示。

表 3-6 自动闭塞区段特殊情况行车凭证表

列车出发情况	行车凭证	发给行车凭证的依据	附带条件
（1）出站信号机故障时发出列车 （2）由未设出站信号机的线路上发出列车 （3）超长列车头部越过出站信号机发出列车	绿色许可证（附件2）	（1）监督器表示第一个闭塞分区空闲，不表示时为接到前次列车到达邻站的通知或前次列车发出后不少于 10 min 的时间； （2）确认道岔位置正确及进路空闲； （3）单线须取得对方站确认区间内无迎面列车的电话记录号码	从监督器上不能确认第一闭塞分区空闲时，车站应发给司机书面通知（附件8），司机以在瞭望距离内能随时停车的速度，最高不超过 20 km/h，运行到第一架通过信号机，按其显示的要求执行

续表

列车出发情况	行车凭证	发给行车凭证的依据	附带条件
（4）发车进路信号机发生故障时发出列车	绿色许可证（附件2）	确认道岔位置正确及进路空闲	车到达次一信号机按其显示的要求执行
（5）超长列车头部越过发车进路信号机发出列车			
（6）自动闭塞作用良好，监督器故障时发出列车	出站信号机显示的允许运行的信号		与邻站车站值班员及本站信号员联系
（7）双线双向闭塞设备的车站，反方向发出列车		（1）区间占用表示灯表示区间空闲； （2）双线反方向行车的调度命令	反方向发车进路表示器显示正确（进路表示器故障时通知司机）

（2）绿色许可证的填写样张。

①出站信号机故障时发出列车，绿色许可证填写样张，如表3-7所示。

表3-7　绿色许可证填写样张

许　可　证

第　 1 　号

在出站（进路）信号机故障、未设出站信号机、列车头部越过出站（进路）信号机的情况下，准许第　T41　次列车由　3　线上发车。

　　　　　　　　　　　　　天津站　　站（站名印）车站值班员（签名）秦　勇

　　　　　　　　　　　　　　　　　　　　　　2015 年 5 月 25 日填发

注：1. 绿色纸，复写一式两份，司机一份，存根一份；　　（规格 90 mm×130 mm）
　　2. 不用的字句抹消。

② 由未设出站信号机的线路上发出列车，绿色许可证填写样张，如表3-8所示。同时向司机递交非到发线发车的调度命令，填写样张如表3-9所示。

表3-8　绿色许可证填写样张

许　可　证

第　 2 　号

在出站（进路）信号机故障、未设出站信号机、列车头部越过出站（进路）信号机的情况下，准许第　57061　次列车由　10　线上发车。

　　　　　　　　　　　　　天津站　　站（站名印）车站值班员（签名）秦　勇

　　　　　　　　　　　　　　　　　　　　　　2015 年 7 月 15 日填发

注：1. 绿色纸，复写一式两份，司机一份，存根一份；　　（规格 90 mm×130 mm）
　　2. 不用的字句抹消。

表 3-9 调度命令

<u>2009</u> 年 <u>7</u> 月 <u>15</u> 日 <u>14</u> 时 <u>55</u> 分　　　　　　　　　　　　　　　第 <u>4511</u> 号

受令处所	天津站、并交 57061 次司机	调度员姓名	冠 志
内　容	准许 <u>57061</u> 次列车在 <u>天津站</u> 非到发线 <u>10</u> 道发车。		

规格（110 mm×160 mm）　　　　受令车站　天津站　　车站值班员　秦 勇

③ 超长列车头部越过出站信号机发出列车，绿色许可证填写样张，如表 3-10 所示。

表 3-10 绿色许可证填写样张

许 可 证

第 <u>3</u> 号

在出站（进路）信号机故障、~~未设出站信号机~~、列车头部越过出站（~~进路~~）信号机的情况下，准许第 <u>25684</u> 次列车由 <u>6</u> 线上发车。

　　　　　　　　　　　　　　　天津站　　站（站名印）车站值班员（签名）秦 勇

　　　　　　　　　　　　　　　　　　　　　　　　　　　　　　　2015 年 8 月 10 日填发

注：1. 绿色纸，复写一式两份，司机一份，存根一份；　　（规格 90 mm×130 mm）
　　2. 不用的字句抹消。

④ 发车进路信号机发生故障时发出列车，绿色许可证填写样张，如表 3-11 所示。

表 3-11 绿色许可证填写样张

许 可 证

第 <u>4</u> 号

在出站（进路）信号机故障、~~未设出站信号机~~、~~列车头部越过出站（进路）信号机~~的情况下，准许第 <u>19068</u> 次列车由 <u>4</u> 线上发车。

　　　　　　　　　　　　　　　天津站　　站（站名印）车站值班员（签名）秦 勇

　　　　　　　　　　　　　　　　　　　　　　　　　　　　　　　2015 年 8 月 28 日填发

注：1. 绿色纸，复写一式两份，司机一份，存根一份；　　（规格 90 mm×130 mm）
　　2. 不用的字句抹消。

⑤ 超长列车头部越过发车进路信号机发出列车，绿色许可证填写样张，如表 3-12 所示。

表 3-12 绿色许可证填写样张

许 可 证

第 <u>5</u> 号

在出站（进路）信号机故障、~~未设出站信号机~~、列车头部越过出站（进路）信号机的情况下，准许第 <u>28493</u> 次列车由 <u>5</u> 线上发车。

　　　　　　　　　　　　　　　天津站　　站（站名印）车站值班员（签名）秦 勇

　　　　　　　　　　　　　　　　　　　　　　　　　　　　　　　2015 年 11 月 6 日填发

注：1. 绿色纸，复写一式两份，司机一份，存根一份；　　（规格 90 mm×130 mm）
　　2. 不用的字句抹消。

（3）填写绿色许可证的注意事项。

绿色许可证原则上由车站值班员填写，由于设备或业务量的关系，可由《站细》指定的助理值班员填写。填写完毕必须经过车站值班员和助理值班员二人共同核对。

填写的绿色许可证必须字迹清楚、内容齐全、印章清晰、不得涂改，填写错误，应划"×"作废。

填写绿色许可证应一式两份，司机一份、存根一份。遇有补机时，应增加一份交与补机司机。

不用的字句一定要抹消，留下的字句要文理通顺、表达准确，不能使人产生误解。

要保证凭证中保留对象的唯一性。例如，信号机是"出站"还是"进路"，二者只能保留一个，删掉另一个；另外信号机是故障、是未设出站信号机，还是列车头部越过出站信号机，三者只取其一。

不要漏填、错填。许可证中的"第_____号"是本班使用的顺序号，由车站值班员自己编写填记，和值班员签名一样不可遗漏。车次、发车线路、日期不可漏填、错填。

（4）书面通知

《技规》规定：从监督器上不能确认第一个闭塞分区空闲时，车站应发给司机书面通知（如表3-13），要求司机在第一个闭塞分区内限速20 km/h。虽然没有以调度命令等级发布，但亦应比照调度命令去执行。既然从监督器上不能确认第一个闭塞分区空闲，那么第一个闭塞分区有可能有车占用（前行列车被迫停车或遗留有车辆）。因此，司机虽然持有车站签发的绿色许可证可以进入第一个闭塞分区，但亦有发生冲突、脱轨的可能。为防患于未然，必须控制列车的速度，限制列车"以在瞭望距离内能随时停车的速度，最高不超过 20 km/h"运行完第一个闭塞分区的全程，到达次一架信号机前按其显示要求执行。

表3-13　书面通知

书　面　通　知

第_____次司机：

　　监督器上不能确认第一个闭塞分区空闲，以在瞭望距离内能随时停车的速度，最高不超过20 km/h，运行至第一架通过信号机，按其显示的要求执行。

站（站名印）车站值班员（签名）

年　　月　　日填发

注：白色纸，复写一式两份，司机一份，存根一份。　　　　　（规格90 mm×130 mm）

2）发车作业组织

（1）车站值班员确认出站信号机故障后，首先报告列车调度员，通知车站值班干部上岗监控。

（2）在"运统-46内"登记，并通知电务人员现场检查维修。

（3）确认电务登记"×出站信号机故障，暂时不能修复"后，再次向列车调度员报告设备情况，按列车调度员指示准备发车。

（4）排列调车进路锁闭道岔（调车进路不能完全锁闭整个接车进路时，其他道岔单独操纵并锁闭），或单操单锁进路上的道岔（含防护道岔），确认进路正确。

注：如在开放出站信号机后出现灯丝断丝故障，对进路锁闭的白光带确认正确可不解锁，继续使用。

（5）填写绿色许可证（监督器不能确认第一个闭塞分区空闲时，还应填写"书面通知"），核对正确后加盖站名印，交与司机。

（6）发车条件具备后发车。

2. 半自动闭塞、自动站间闭塞和区间未设通过信号机的自动闭塞车站发车

1）路　票

半自动闭塞、自动站间闭塞及区间未设通过信号机的自动闭塞车站，出站信号机故障或灯光熄灭时，出发列车不能以出站信号机显示的允许运行的信号作为行车凭证，应停止使用基本闭塞法，改用电话闭塞法，列车占用区间的凭证为路票。

（1）路票的使用。

《技规》规定："使用电话闭塞法行车时，列车占用区间的行车凭证为路票（路票格式，如表 3-14 所示）。当挂有由区间返回的后部补机时，另发给补机司机路票副页。"因此，无论是自动闭塞、自动站间闭塞还是半自动闭塞，无论是单线还是双线区段，只要停止使用基本闭塞法，改用电话闭塞法行车，列车进入区间的行车凭证一律为路票。当发出挂有由区间返回后部补机的列车时，除交给本务机司机路票外，还应另外填写一张路票并加盖"副"字戳记后交给后部补机司机，作为由区间返回车站的行车凭证。

表 3-14　路票格式

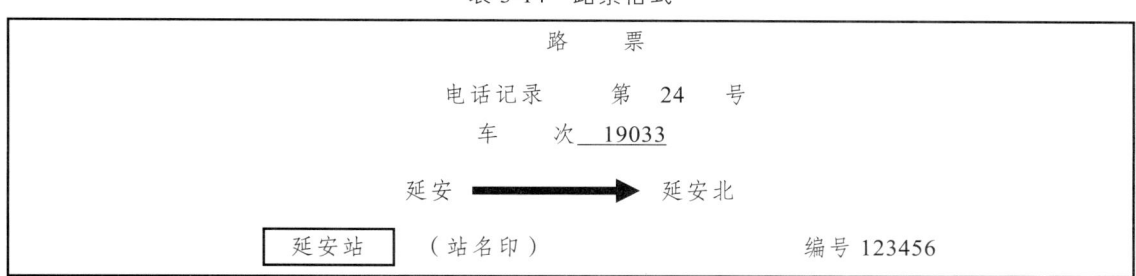

注：1. 路票为预先印好区间（即站名）和编号的硬卡片；（规格 75 mm × 88 mm）
　　2. 加盖⑭字戳记者，为路票副页。

（2）填写路票的条件。

《技规》规定：单线或双线反方向发车（正方向首列发车）时，根据《行车日志》查明区间已空闲，并取得接车站承认的电话记录号码，在发车进路准备妥当后，方可填发路票。双线正方向发车（首列除外）时，根据收到的前次发出的列车到达的电话记录号码，在发车进路准备妥当后，即可填发路票。

办理电话闭塞时，必须查明区间空闲。基本闭塞设备停用，不能通过设备确认区间（闭塞分区）空闲，也就无法用设备来控制列车对区间（闭塞分区）占用的唯一性。所以车站值班员在办理闭塞时，必须人工确认区间空闲。

查明区间空闲主要是通过《行车日志》、各种闭塞表示灯、控制台各种行车表示牌、《调度命令登记簿》以及现场有关接发车人员的报告。

检查的内容包括：前次列车是否整列到达邻站，区间是否被其他列车占用，补机是否返回发车站，出站（跟踪）调车是否完毕（含凭证是否收回），双线区间是否有在区间禁止会车的超限、专运列车，区间内是否还停有机车、车辆、大型养路机械、重型轨道车及施工作业车辆，施工、封锁的区间是否已经开通等。使用电话闭塞法行车时，填写路票的时机是在发车进路准备妥当后。执行这一规定的关键是程序不能颠倒。颠倒程序，就有可能发生错办发车进路的事故。使用电话闭塞法行车时，出站信号机停止使用，对发车进路的联锁作用已不复存在。为了保证行车安全，弥补出站信号机已经失去的功能，需要车站行车人员采用传统的作业方法、执行相关的安全制度。例如，对发车进路是否空闲、进路上有关道岔位置是否正确及人工加锁、有无敌对进路建立等，都需要车站行车人员认真检查确认、逐一落实。所以车站值班员必须在发车进路满足以上条件后，方可填发路票。

（3）路票的填发与交递。

路票应由车站值班员或指定的助理值班员填写。路票填妥后要进行复核，复核是指复诵和核对。车站值班员与助理值班员、助理值班员与机车乘务员在路票填妥后与交付时，都应认真执行"复诵""核对"制度。其目的是为了保证凭证的正确性，避免错填、漏填、错交行车凭证。对于填写的路票，如果是车站值班员亲自填写的，填完后首先要自核，对照《行车日志》上记载的列车车次、电话记录号码、占用区间，用笔点读进行核对。交与助理值班员后由助理值班员念读，车站值班员与《行车日志》上的记载进行核对。确认无误后，加盖站名印。双线反方向行车时，应在路票上加盖"反方向行车"印章（见表 3-15）；双线、多线区间使用路票时，应在路票上加盖"××线行车"印章（见表 3-16）；发出需由区间返回的列车使用的路票，应在路票上加盖"区间返回"印章（见表 3-17）。

表 3-15　反方向行车时的路票样张

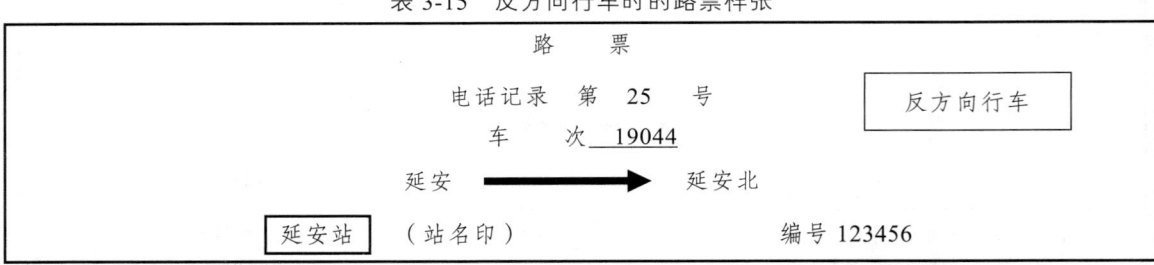

注：1. 路票为预先印好区间（即站名）和编号的硬卡片；
　　2. 加盖副字戳记者，为路票副页。

表 3-16　双线或多线使用的路票样张

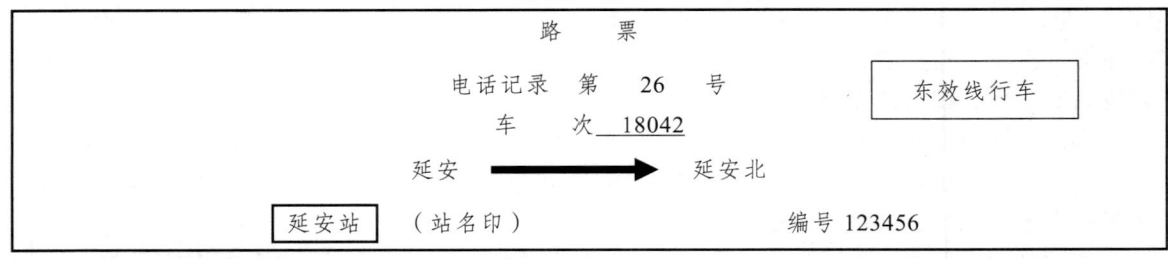

注：1. 路票为预先印好区间（即站名）和编号的硬卡片；
　　2. 加盖副字戳记者，为路票副页。

表 3-17　区间返回列车使用的路票样张

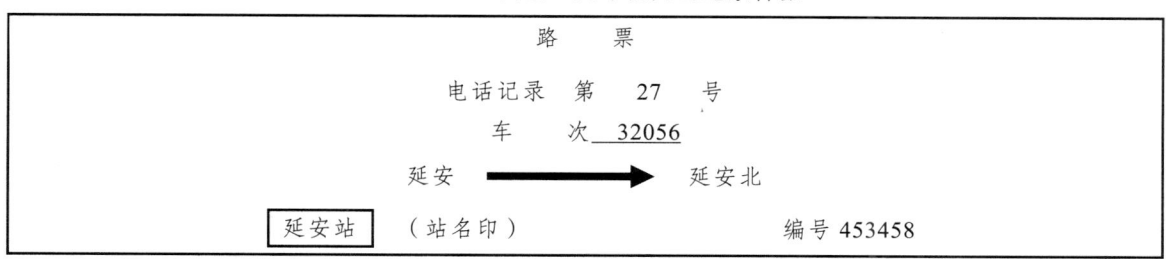

注：1. 路票为预先印好区间（即站名）和编号的硬卡片；　（规格 75 mm×88 mm）
　　2. 加盖 副 字戳记者，为路票副页。

为了保证人身及行车安全，便于路票的回收与交递，接递时要使用行车凭证携带器，原则上应停车接递；必须不停车接递时，应采用二人接递的方式，一人接收，一人交递，在列车运行速度不超过 20 km/h 的情况下，接车人员应面向来车方向，先接后递，两人站立前后位置不应少于 50 m。接递路票时身体不要侵入限界，接递完毕迅速回到安全位置。

（4）路票的收回与作废。

列车到达接车站后，车站助理值班员因将收回的路票交与车站值班员进行核对，无误后在票面上划"×"注销、保管。

对填错的路票和因计划变更暂时不开的列车，要及时收回路票，并在票面上划"×"作废，以防肇事，如表 3-18。

表 3-18　作废的路票样张

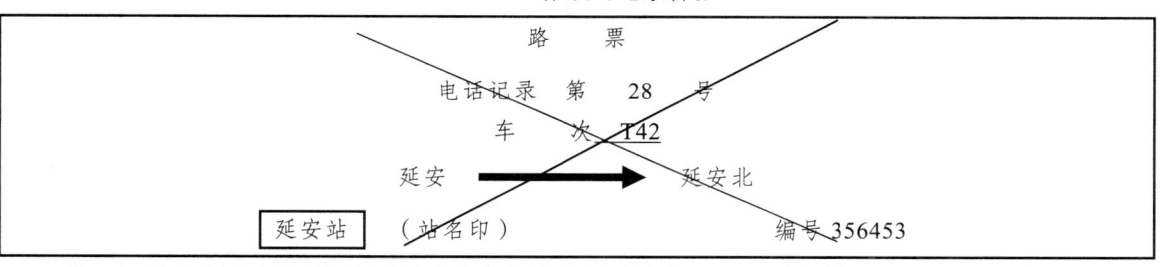

注：1. 路票为预先印好区间（即站名）和编号的硬卡片；　（规格 75 mm×88 mm）
　　2. 加盖 副 字戳记者，为路票副页。

2）发车作业组织

（1）通过设备确认出站信号机故障后，车站值班员立即报告列车调度员，通知车站值班干部上岗监控。

（2）登记"运统-46 内"，并通知电务人员现场检查维修。

（3）确认电务登记"×出站信号机故障，暂时不能修复"后，再次向列车调度员报告设备情况后，请求并接收停用基本闭塞法改用电话闭塞法行车的调度命令。

（4）与邻站办理闭塞手续。

（5）开放调车信号锁闭进路，或单操单锁道岔，接通光带（或通过显示器）确认道岔开通位置正确。

（6）填写路票，核对正确后加盖站名印，连同调度命令一同交与司机。

（7）发车条件具备后发车。

（八）轨道电路故障接发列车

轨道电路能有效地防止向占用线路接车事故的发生。它不仅通过机车车辆占用到发线以后控制台上有红光带表示，还能提醒车站值班人员。重要的是它与防护进路的信号机相联锁，有效地防止了有车线接车的严重后果。也就是说当设备正常时，即使车站值班人员有不安全行为发生"误办"，向占用线路上接车，进站信号机也开放不了（引导接车时除外）。

任何事物都具有两重性。轨道电路也不例外，它能防止向占用线路上接车，使车务部门错办进路事故减少了80%。但如果轨道电路故障不能正确地反映机车车辆对轨道区段的占用，传递虚假信息，不仅影响车站作业效率，而且存在着许多不安全因素，直接威胁行车安全，是一种非正常情况下的接发列车。为了防止错办进路事故的发生，车站行车人员要认真研究轨道电路发生故障后，设备性能发生的变化，找出潜在的危险，发现不安全因素，采取有力措施保证行车安全。

1. 轨道电路故障接车作业

一条接车进路是由无岔轨道区段、道岔轨道区段和股道轨道区段组成的。在办理接车进路的过程中，只要这三种轨道区段中的任何一个轨道区段发生故障出现红光带时，都会影响进站（进路）信号机不能正常开放，必须使用非正常的方法将列车接入车站或车场内。

1）进站（进路）信号机内方第一轨道区段（无岔轨道区段）出现红光带

（1）车站值班员应先派人现场检查该轨道区段，得到无异状及线路空闲的报告后，向列车调度员报告，通知值班干部到岗监控，按规定登记"运统-46"，通知工务、电务检查处理。

（2）车站值班员得到工务人员线路正常的报告，并在"运统-46"内销记；确认电务人员在"运统-46"内登记"轨道区段故障，一时不能恢复"后，再次向列车调度员报告，申请并接收准许引导接车的调度命令。

（3）按引导进路锁闭方式，开放进站或接车进路信号机的引导信号接车。

注意：集中联锁车站此时开放的引导信号都不保留，应按压引导信号按钮不松手，或在延时×秒内不断点击引导信号按钮，使引导信号一直保持开放状态。

2）道岔轨道区段出现红光带

（1）车站值班员应先派人现场检查，确认该道岔轨道区段空闲、无障碍物、无病害；报告列车调度员，通知值班干部到岗监控；登记"运统-46"，通知工务、电务检查处理。

（2）车站值班员得到工务人员检查轨道区段无病害的报告，并在"运统-46"内销记；确认电务人员检查后在"运统-46"内登记"轨道区段故障，一时不能恢复"后，再次向列车调度员报告，申请并接收准许引导信号接车的调度命令。

（3）道岔区段故障出现红光带开放引导信号接车有两种情况：一种是故障区段的道岔位置是接车进路所需要的位置，对该道岔实行单锁，按引导进路锁闭的方式开放引导信号接车；另一种是故障区段的道岔位置不是接车进路所需要的位置，则需要人工摇动道岔准备进路，二人确认道岔位置正确、尖轨与基本轨密贴，并按规定人工加锁，按引导总锁闭方式接车。

3）股道轨道区段出现红光带

（1）车站值班员应先派人现场确认该股道空闲后，向列车调度员报告，通知值班干部到岗监控，登记"运统-46"，通知工务、电务检查处理。

（2）车站值班员得到工务人员线路正常的报告，并在"运统-46"内销记；确认电务人员在"运统-46"内登记"轨道区段故障，一时不能恢复"后，再次向列车调度员报告，申请并接收准许引导接车的调度命令。

（3）按引导进路锁闭方式，开放进站信号机的引导信号将列车接入站内。

2. 轨道区段故障发车作业

发车进路同样由无岔轨道区段、道岔轨道区段和股道区段组成。出站信号机前方的股道轨道区段往往被列车占用。当出站信号机后方的道岔轨道区段或无岔轨道区段发故障出现红光带时，出站信号机都不能开放。

1）自动闭塞车站发车进路上轨道区段出现红光带故障

（1）车站值班员派人现场检查故障区段空闲；报告列车调度员，通知值班站长到岗；登记"运统-46"，通知工、电部门处理。

（2）车站值班员得到工务人员线路正常的报告，并在"运统-46"内销记；确认电务人员在"运统-46"内登记"轨道区段故障，一时不能恢复"后，再次向列车调度员报告，按列车调度员的指示准备发车。

（3）排列调车进路或单操道岔，将进路上的道岔转换至发车进路所需要的位置。对出现红光带的道岔区段，应按道岔显示区别对待：红光带区段道岔位置是发车进路所需要的位置时，只需对该道岔实行单锁；红光带区段道岔位置不是发车进路需要的位置时，应派人现场手摇道岔至所需要的位置，实行二人确认制，按规定人工加锁。

（4）确认发车进路上的全部道岔位置正确并按规定加锁及锁闭后，填发绿色许可证发车。

2）自动闭塞区段车站接近、离去轨道区段发生故障

三显示自动闭塞有两个接近和离去轨道区段，四显示自动闭塞有三个接近和离去表示的轨道电路区段。这种轨道电路设在区间，它通过控制台上的表示灯（光带）来表示列车接近或驶离车站的位置，这就是监督器。一般情况下，一个表示灯（光带）表示一个闭塞分区。有车占用时，点亮一个红灯（光带）；无车占用时，则处于灭灯状态。车站值班人员根据监督器的表示，可以判断列车接近或驶离车站的情况，进而判断出站方面闭塞分区的空闲与占用情况。当接近、离去轨道区段发生故障时，会给车站值班人员传递虚假信息，不仅影响车站作业效率，而且危及行车安全，甚至酿成事故。

（1）接近轨道区段故障。

表示列车接近的轨道电路区段故障，一般有以下三种情况：

① 列车占用后控制台不亮红灯，列车进入第二或第三接近又不响铃。这种情况虽不影响车站开放进站信号，但影响车站接车人员及时出场接车。

② 接近轨道电路区段无列车占用时，控制台亮红灯。这种情况也不影响车站开放进站信号，但影响进站信号机前方的通过信号机正常开放。

③ 列车到达或通过车站后，第二或第三接近区段红光带（灯）不灭，车站应确认列车是否完整到达车站。

发生上述情况时，车站值班人员应报告列车调度员，按规定登记"运统-46"，通知工务、电务部门进行处理。必要时应提醒续行列车司机加强瞭望，按《技规》规定注意运行。

（2）离去轨道区段故障。

出站方面第一离去无车占用亮红灯，出站信号不能正常开放。从监督器上不能确认第一闭塞分区空闲时，需向司机递交书面通知（以在瞭望距离内能随时停车的速度，最高不超过 20 km/h）。车站可采用排列调车进路的方式准备发车进路，发给司机绿色许可证开车。

3）半自动闭塞车站发车进路上轨道区段出现红光带故障

半自动闭塞集中联锁设备的车站，当发车进路上道岔轨道区段和无岔轨道区段之一出现红光带时，出站信号都无法开放。此时，应报请列车调度员发布停基改电调度命令，并且与前方站办理电话闭塞，在发车进路准备妥当后，填发路票发出列车。

4）半自动闭塞车站接近区段与出站方面的轨道电路发生故障

接近区段的轨道电路一般是从预告信号机前 100 m 开始到进站信号机处的轨道绝缘节。它表示列车接近与离开车站的位置。当接近区段出现红光带时，按规定登记"运统-46"，通知工务、电务部门处理。在没有接到工务部门的检查汇报以前，可用列车无线调度通信设备通知司机以不超过 20 km/h 的速度运行完该轨道区段。并指示助理值班员注意列车运行，按规定时间接车。

出站方面轨道电路发生故障时，按规定登记"运统-46"，通知工务、电务部门检查处理。如故障暂时无法处理时，应报告列车调度员，申请停基改电的调度命令，与邻站办理电话闭塞，使用路票发出列车。

5）到发线轨道区段发生故障

到发线有车占用，控制台无红光带。如有待发列车时，正常开放出站信号发出列车。如有站存车时，应及时在控制台该到发线上加挂"有车占用"表示牌，并将该线两端的分歧道岔单操至不能进入该线的位置并单锁，防止向有车线接车，按规定登记"运统-46"，通知工务、电务部门检查处理。

（九）道岔失去表示接发列车

1. 道岔故障现象

6502 设备控制台上该道岔失去表示（定位或反位表示灯之一或全部熄灭），失去表示 13 s 后挤岔报警灯点亮同时伴有挤岔铃响。计算机联锁设备设有道岔表示灯时，显示器道岔表灯失去表示，信息框发出报警信息，并伴有语音提示；未设有道岔表示灯时，显示器显示该故障道岔处线路连接断开，信息框发出报警信息，并伴有语音提示。

2. 接发列车作业组织

道岔失去表示接发列车时，应根据车站设备实际情况，如有能避开故障道岔的迂回进路时，在故障道岔未修复前有行车作业时，首先采用迂回进路办理接发车列车作业，待故障道岔修复后再采用基本进路办理接发列车，减少道岔故障对行车的影响。若无迂回进路时，按下列方法办理接发列车作业。

1）道岔失去表示接车

（1）车站值班员应先派人现场检查故障道岔，得到道岔无异状及线路空闲的报告后，报告列车调度员，通知值班干部到岗监控；登记"运统-46"，通知工务、电务检查处理。

（2）车站值班员得到工务人员道岔无病害的报告，并在"运统-46"内销记；确认电务人员检查后在"运统-46"内登记"道岔故障，一时不能恢复"后，再次向列车调度员报告，申请并接收准许引导信号接车的调度命令。

（3）故障道岔有两种情况：一种是故障道岔开通位置是接车进路所需要的位置时，由现场作业人员对该道岔按规定人工加锁；另一种是故障道岔开通位置不是接车进路所需要的位置时，则需要由现场作业人员使用手摇把将道岔摇至所需位置并加锁。执行两人或一人两次确认制度，确认故障道岔开通位置正确，向车站值班员报告。

（4）车站值班员在得到现场二次确认故障道岔开通位置正确的报告后，按引导总锁闭方式接车。

引导总锁闭方式开放引导信号时，因为不检查进路联锁条件，只要是进站（进路）信号机能显示引导信号，不管进路上的线路、道岔和信号处于什么状态都能够开放引导信号。使用引导总锁闭方式开放引导信号后，该侧咽喉区道岔全部处于锁闭状态，该咽喉区的其他进路不能形成，存在影响本咽喉区平行作业的缺点。所以，在使用引导总锁闭方式开放引导信号前：一是对平行作业提前做好预想，能够开放的信号在按下引导总锁闭前开放；二是在保证不影响引导接车的情况下尽量延后按下引导总锁闭的时间，在列车整列到达后尽快拉出引导总锁闭，以减少对整个咽喉的影响；三是较大车站为减少引导总锁闭方式开放引导信号对平行作业的影响，可以选择派引导员显示引导手信号接车。

2）道岔失去表示发车

自动闭塞区段使用绿色许可证发车；半自动及自动站间闭塞区段停用基本闭塞法改用电话闭塞法行车，使用路票发车。

（1）自动闭塞车站道岔失去表示发车。

① 车站值班员派人现场检查故障道岔，得到道岔无异状及线路空闲的报告后，报告列车调度员，通知值班站长到岗，登记"运统-46"，通知工、电部门处理。

② 车站值班员得到工务人员线路正常的报告，并在"运统-46"内销记；确认电务人员在"运统-46"内登记"道岔故障，一时不能恢复"后，再次向列车调度员报告，按列车调度员的指示准备发车。

③ 进路上非故障道岔采用开放调车信号的方式锁闭道岔（对不能采用调车进路锁闭的道岔，单操至所需位置并单独锁闭），然后接通光带（或通过显示器）确认进路上非故障道岔开通位置正确。

④ 进路上故障道岔由现场作业人员使用手摇把将道岔摇至所需位置并加锁，并执行两人或一人两次确认制度，确认故障道岔开通位置正确，向车站值班员报告。

⑤ 车站值班员在得到现场二次确认故障道岔开通位置正确的报告后，填写绿色许可证。监督器不能确认第一个闭塞分区空闲时，还应填写"书面通知"，核对正确后交与司机。

⑥ 具备发车条件后发车。

（2）半自动闭塞及自动站间闭塞车站道岔失去表示发车。

① 车站值班员派人现场检查故障道岔,得到道岔无异状及线路空闲的报告后,报告列车调度员,通知值班站长到岗;登记"运统-46",通知工务、电务部门处理。

② 车站值班员得到工务人员线路正常的报告,并在"运统-46"内销记;确认电务人员在"运统-46"内登记"道岔故障,一时不能恢复"后,再次向列车调度员报告,请求并接收停用基本闭塞法改用电话闭塞法行车的调度命令。

③ 与邻站办理闭塞手续。

④ 进路上非故障道岔采用开放调车信号的方式锁闭道岔(对不能采用调车进路锁闭的道岔,单操至所需位置并单独锁闭),然后接通光带(或通过显示器)确认进路上非故障道岔开通位置正确。

④ 进路上故障道岔由现场作业人员使用手摇把将道岔摇至所需的位置并加锁,并执行两人或一人两次确认制度,确认故障道岔开通位置正确,向车站值班员报告。

⑤ 车站值班员在得到现场二次确认故障道岔开通位置正确的报告后填写路票,核对正确后连同调度命令一同交与司机。

⑥ 具备发车条件后发车。

（十）一切电话中断的行车办法

因自然灾害或其他原因,致使车站行车室内一切铁路有线电话,如闭塞电话、调度电话及各站电话全部中断,车站与邻站值班员、列车调度员无法联系时,称为一切电话中断。

一切电话中断这种情况很少遇到,容易被忽视。但是,谁也不敢保证今后不会遇到。因为雷电、洪水、泥石流、地震等自然灾害及施工挖断电缆等其他原因,都有可能造成一切电话中断。车站值班员必须认真学习《技规》的有关规定,努力掌握一切电话中断时的行车方法,一旦遇到这种情况时,能从容对待,正确处理。

《技规》规定:车站行车室内一切电话中断,单线行车按书面联络法,双线行车按时间间隔法,列车进入区间的行车凭证均为红色许可证,如表3-19。

表3-19 红色许可证

```
                    许  可  证
                                          第_____号
    现在一切电话中断,准许第_____次列车自_____站至_____站,本列车前于_____时_____分
发出的第_____次列车,邻站到达通知 已 收到。
                                  未

                        通  知  书
1. 第_____次列车到达你站后,准接你站发出的列车。
2. 于_____时_____分发出第_____次列车,并于_____时_____分再发出第_____次列车。
                    站(站名印)车站值班员(签名)
                                  年    月    日填发
```

注：1. 红色纸,复写一式两份,司机一份,存根一份;　　　　（规格 90 mm×130 mm）
　　2. 不用的字句抹消。

1. 一切电话中断时的行车凭证

1）红色许可证的作用

红色许可证包括许可证和通知书两部分，许可证部分是一切电话中断时列车进入区间的行车凭证。它首先告知司机"现在一切电话中断"，准许本次列车进入区间。其次通知司机在本次列车前，曾向该区间发出列车的开车时间及是否到达邻站，使本次列车司机了解其运行前方区间是否空闲。如邻站到达通知未收到时，提醒本次列车司机应加强瞭望，防止与前发列车发生追尾。

通知书部分是发车站与接车站确定次一列车占用区间的书面联络书。第一项是发车权的转换，通知接车站本次列车到达你站后，准接你站发出的列车。第二项是本次列车后再开续行列车的预告。如果本次列车在区间被迫停车，必须立即通知跟踪列车司机并对本次列车尾部进行防护，防止追尾事故发生。

凭证的红色具有提醒司机注意的警示作用。

2）红色许可证填写样张

（1）已办妥闭塞而尚未发出的列车发车时，可采用两种方式：

① 对持有书面行车凭证的列车除向司机递交已办妥的书面行车凭证外，为记明下次发车权，还应递交红色许可证的通知书。填写的样张，如表3-20、表3-21所示。

表3-20 路票样张

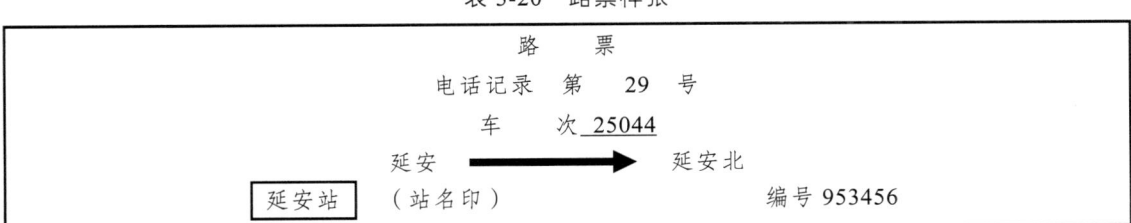

注：1. 路票为预先印好区间（即站名）和编号的硬卡片；（规格75 mm×88 mm）
   2. 加盖副字戳记者，为路票副页。

表3-21 红色许可证样张

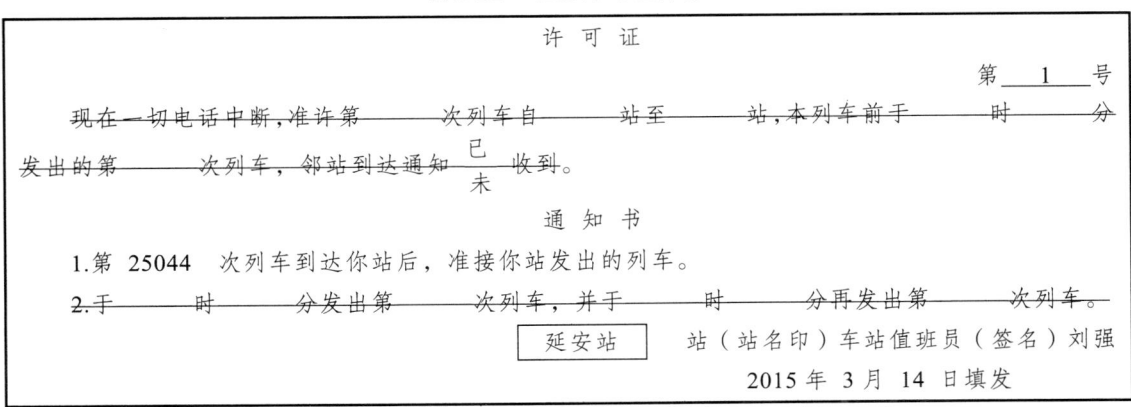

注：1. 红色纸，复写一式两份，司机一份，存根一份；（规格90 mm×130 mm）
   2. 不用的字句抹消。

② 收回路票或关闭出站信号机后，直接用红色许可证发车，填写的样张，如表 3-22 所示。

表 3-22　红色许可证样张

```
                              许　可　证
                                                          第　2　号
    现在一切电话中断，准许第  25044  次列车自  延安  站至  延安北  站，本列车前于＿＿＿
时＿＿＿分发出的第＿＿＿＿次列车，邻站到达通知  已／未  收到。
                              通　知　书
    1. 第  25044  次列车到达你站后，准接你站发出的列车。
    2. 于＿＿＿时＿＿＿分发出第＿＿＿次列车，并于＿＿＿时＿＿＿分再发出第＿＿＿次列车。
                        延安站   站（站名印）车站值班员（签名）刘强
                                                    2015 年 3 月 14 日填发
```

注：1. 红色纸，复写一式两份，司机一份，存根一份；
　　2. 不用的字句抹消。　　　　　　　　　　　　　（规格 90 mm×130 mm）

（2）未办妥闭塞的单线区间开下行列车的车站优先发车，红色许可证的填写样张，如表 3-23 所示。

表 3-23　红色许可证样张

```
                              许　可　证
                                                          第　3　号
    现在一切电话中断，准许第  26533  次列车自  横现河  站至  洛阳  站，本列车前于＿＿＿时
＿＿＿分发出的第＿＿＿＿次列车，邻站到达通知  已／未  收到。
                              通　知　书
    1. 第  26533  次列车到达你站后，准接你站发出的列车。
    2. 于＿＿＿时＿＿＿分发出第＿＿＿次列车，并于＿＿＿时＿＿＿分再发出第＿＿＿次列车。
                        横现河站   站（站名印）车站值班员（签名）刘强
                                                    2015 年 5 月 25 日填发
```

注：1. 红色纸，复写一式两份，司机一份，存根一份；
　　2. 不用的字句抹消。　　　　　　　　　　　　　（规格 90 mm×130 mm）

（3）单、双线连续发出同方向列车时，两列车的间隔时间应按图定区间运行时分另加 3 min，单线不得少于 13 min。红色许可证填写样张，如表 3-24 所示。

注意：如果 19067 次在区间被迫停车，《技规》规定不准退行，车辆乘务员（随车机械师）应立即（不超过 3 min）对列车尾部进行防护，以防 27095 次列车追尾。

表 3-24　红色许可证样张

许 可 证　　　　　　　　　　　　　　　　第　4　号
现在一切电话中断，准许第 19067 次列车自 宝鸡 站至 福临堡 站，本列车前于＿＿＿时＿＿＿分发出的第＿＿＿次列车，邻站到达通知 已/未 收到。 　　　　　　　　　　通 知 书 　1.第＿＿＿次列车到达你站后，准接你站发出的列车。 　2.于 15 时 23 分发出第 19067 次列车，并于 15 时 38 分再发出第 27095 次列车。 　　　　　　　　　　　　 宝鸡站 　站（站名印）车站值班员（签名）江南 　　　　　　　　　　　　　　　　　　　　　2015 年 4 月 22 日填发

注：1. 红色纸，复写一式两份，司机一份，存根一份；　　　　（规格 90 mm×130 mm）
　　2. 不用的字句抹消。

（4）优先发车站无待发列车时填写的通知书。

①优先发车站无待发列车时，应以单机或重型轨道车向非优先发车站传递红色许可证中的通知书，填写样张，如表 3-25 所示。

表 3-25　红色许可证样张

许 可 证　　　　　　　　　　　　　　　　第　5　号
现在一切电话中断，准许第 53001 次列车自 宝鸡 站至 福临堡 站，本列车前于＿＿＿时＿＿＿分发出的第＿＿＿次列车，邻站到达通知 已/未 收到   　　　　　　　　　　通 知 书 　1.第 53001 次列车到达你站后，准接你站发出的列车。 　2.于＿＿＿时＿＿＿分发出第＿＿＿次列车，并于＿＿＿时＿＿＿分再发出第＿＿＿次列车。 　　　　　　　　　　　　 宝鸡站 　站（站名印）车站值班员（签名）张强 　　　　　　　　　　　　　　　　　　　　　2015 年 6 月 14 日填发

注：1. 红色纸，复写一式两份，司机一份，存根一份；　　　　（规格 90 mm×130 mm）
　　2. 不用的字句抹消。

　　② 优先发车站无待发列车，又无单机或重型轨道车时，车站值班员应指派胜任人员利用一切交通工具向非优先发车站传递红色许可证中的通知书，填写样张，如表 3-26 所示。

表 3-26　红色许可证样张

许　可　证	第　5　号

现在一切电话中断，准许第_____次列车自_____站至_____站，本列车前于_____时_____分发出的第_____次列车，邻站到达通知 已/未 收到。

通　知　书

1.第_____次列车到达你站后，准接你站发出的列车。

2.于_____时_____分发出第_____次列车，并于_____时_____分再发出第_____次列车。

　　　　　　　　　　　|宝鸡站|　站（站名印）车站值班员（签名）杨谦

2015 年 8 月 14 日填发　　　（规格 90 mm×130 mm）

注：1. 红色纸，复写一式两份，司机一份，存根一份；
　　2. 不用的字句抹消。

（5）同方向开行续行列车。

① 提醒本次列车司机，前发列车邻站到达通知未收到，红色许可证填写样张，如表 3-27 所示。

表 3-27　红色许可证样张

许　可　证	第　6　号

现在一切电话中断，准许第 43193 次列车自 凤县 站至 宏庆 站，本列车前于 11 时 27 分发出的第 6063 次列车，邻站到达通知 已/未 收到。

通　知　书

1.第 43193 次列车到达你站后，准接你站发出的列车。

2.于_____时_____分发出第_____次列车，并于_____时_____分再发出第_____次列车。

　　　　　　　　　　　|凤县站|　站（站名印）车站值班员（签名）唐斌

2015 年 6 月 26 日填发　　　（规格 90 mm×130 mm）

注：1. 红色纸，复写一式两份，司机一份，存根一份；
　　2. 不用的字句抹消。

② 提醒本次列车司机还要开续行列车，红色许可证填写样张，如表 3-28 所示。

表 3-28　红色许可证样张

```
                        许　可　证
                                              第　　6　　号
    现在一切电话中断，准许第  6063  次列车自  凤县  站至  宏庆  站，本列车前于_____
时_____发出的第_____次列车，邻站到达通知  已/未  收到。


                        通　知　书
    1.第_____次列车到达你站后，准接你站发出的列车。
    2.于    11    时  32  分发出第    6063    次列车，并于    11    时    46  分再发出
第    43193    次列车。

                              凤县站  站（站名印）车站值班员（签名）唐斌
                                              2015 年 8 月 26 日填发
```

注：1. 红色纸，复写一式两份，司机一份，存根一份；　　　（规格 90 mm×130 mm）
　　2. 不用的字句抹消。

2. 一切电话中断的行车方法

一切电话中断后，车站值班员应立即通知通信工区进行修复，并按规定登记"运统-46"，报告站长到岗组织有关人员协助工作。

车站一切电话中断后，两邻站值班员无法办理闭塞手续。为不中断行车，必须采取一种特定的行车方法。

1）单线行车按书面联络法

书面联络法是指在单线区间的车站，遇一切电话中断时，相邻两站以规定的书面联络方式确定向区间开行列车的权限和运行顺序的方法。书面联络的工具就是红色许可证中的"通知书"。在单线区间，列车运行执行的是双向行车制，两邻站都有权向区间发车。一切电话中断后，按照《技规》的规定，由优先发车站向区间发出电话中断后的第一趟列车，然后通过第一趟列车携带的"通知书"建立起联络关系，再确定下一趟列车的发车权。以此类推，行车不致中断，用书面联络代替了电话联络。非优先发车站如有待发列车时，必须在收到优先发车站送达的"准接你站发出的列车"的"通知书"后方准发出列车。

2）双线行车按时间间隔法

时间间隔法是指一趟列车由车站出发后，不论其是否到达前方站，准许间隔一定的时间再向区间发出同方向列车的行车方法。

在双线区间列车运行执行的是单向行车制，上行列车走上行正线，下行列车走下行正线，双线正方向发车站可按时间间隔法连续发出同方向的列车。虽然无法知道前行列车是否到达前方站，只要按区间规定的运行时间另加 3 min，但不得少于 13 min 就可以发出同方向运行的列车。

3）自动闭塞区间设备作用良好，仍按自动闭塞法行车

自动闭塞区间设有轨道电路和通过信号机，即使有列车在某一闭塞分区被迫停车，既有通过信号机防护，又不准退行（退行须取得列车调度员或后方站值班员准许），可以保证行车安全。

3. 优先发车站的确定

一切电话中断后，具有向区间开行第一趟列车权利的车站，称为优先发车站。确定优先发车站既可以防止区间两端站都向该区间发出列车，造成两趟对向列车进入同一区间；又可以防止区间两端站都不向该区间发出列车，造成行车中断。为此，《技规》规定单线（包括双线改单线）按书面联络法行车时，优先发车站为：

（1）已办妥闭塞而尚未发车的车站。

已办妥闭塞而尚未发车的车站是指一切电话中断之前已经办妥闭塞。例如：半自动闭塞设备的发车站已从控制台上取得了接车站承认闭塞的信号，即发车闭塞表示灯绿灯点亮；使用电话闭塞法行车的发车站已取得接车站承认闭塞的电话记录号码。

（2）未办妥闭塞时，单线区间为开下行列车的车站；双线改为单线行车时，为该线原定发车方向的车站。

未办妥闭塞，是指一切电话中断前区间两端站根本没有办理任何一趟列车的闭塞手续。一切电话中断后，区间两端站又无法再去办理。《技规》规定单线区间为开下行列车的车站为优先发车站；双线改为单线行车时，为该线原定正方向发车的车站为优先发车站。

这样可以在一切电话中断后，区间两端站可根据《技规》规定，确定本站是否为优先发车站。优先发车站即可向区间发出电话中断后的第一趟列车，并通过第一趟列车建立书面联络，避免行车中断。

执行《技规》关于确定优先发车站的两条规定是，首先要分清一切电话中断前已办妥闭塞还是未办妥闭塞，不能混淆界限，错误理解。例如，如图3-2所示，灞桥—窑村区间上行正线已封锁，改按单线行车，使用电话闭塞法行车。灞桥请求T42次闭塞，窑村站发出电话记录号码承认T42次闭塞，闭塞已办妥。此时一切电话中断，优先发车站应当是已办妥闭塞的灞桥车站。如果窑村站认为本站用下行正线发出下行列车，是原定发车方向的车站，为优先发车站，那就是理解上的错误，就有可能发生两列对向列车进入同一区间的危险。

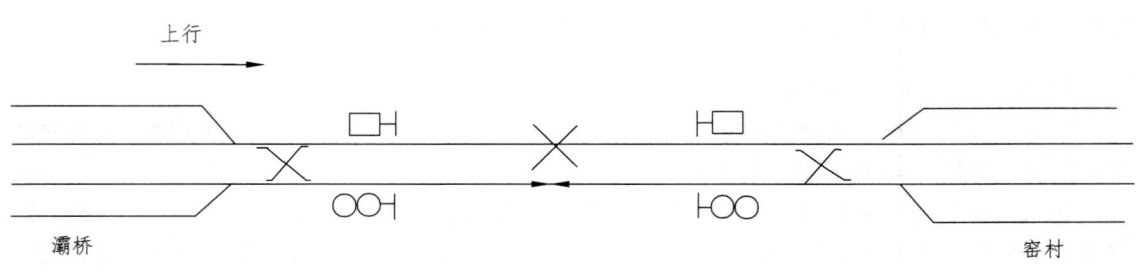

图 3-2　灞桥—窑村上行正线封锁

4. 非自动闭塞区间发出第一列列车前应查明区间空闲

非自动闭塞区间在正常情况办理闭塞时，应确认区间空闲。当一切电话中断后，发出第一列列车前更需要查明区间空闲。一定要从《行车日志》中检查电话中断前发出的列车是否到达接车站，邻站越出站界调车是否完毕，邻站发出反方向列车是否到达本站等。在无法得到前次列车到达邻站或邻站出站调车已经完毕的通知时，应派人去查明区间空闲。确认区间空闲一定要得到列车到达邻站的通知，绝不能臆测行车。例如，甲站向乙站发出一列列车，列车由甲站出发后，控制台发车闭塞表示灯显示红灯，列车进入区间后一切电话中断。间隔一定时间（大于列车区间运行时分），甲站控制台发车闭塞表示红灯熄灭。值班员绝对不能仅凭发车闭塞表示红灯熄灭就断定前发列车已经到达乙站，区间已经空闲。万一不是前发列车到达邻站而是本站设备发生故障造成闭塞表示灯红灯熄灭（列车实际还在区间），这就为列车冲突事故的发生埋下了隐患。

5. 一切电话中断后禁止发出的列车

1）在区间内停车工作的列车（救援列车除外）

这种列车在区间内要停车工作，占用区间时间较长，车站又一切电话中断，运行情况不好掌握，有可能发生列车追尾事故，所以禁止开行。但为排除区间线路故障或进行其他抢修而开行的救援列车不受此限制。

2）开往区间岔线的列车

开往区间岔线的列车由车站发出后，待其返回或继续开往前方站，再发出其他列车，占用区间时间太长，进出岔线时又无法与车站联系，不能保证行车安全，应当禁止开行。

3）需由区间内返回的列车

需由区间内返回的列车要在区间停车进行某种作业后返回发车站，占用区间时间长，返回时间难掌握，行车安全难保证，并影响旅客列车及许多重要列车的开行，所以禁止开行。

4）挂有须由区间内返回后部补机的列车

因为补机返回车站的时间无法通知对方站。如果补机未返回，邻站即发出列车，危及行车安全，理应禁止开行。

5）列车无线调度通信设备故障的列车

无线调度通信设备故障的列车一旦在区间被迫停车或发生故障，无法与区间两端站联系，不仅耽误列车救援和区间开通，而且还难以保证行车安全。

二、相关实践技能

（一）双线自动闭塞车站轨道电路故障接发列车作业

1. 部分道岔区段轨道电路故障发车作业

部分道岔区段轨道电路故障发车作业作业程序及用语，如表3-29所示。

表 3-29 部分道岔区段轨道电路故障发车作业程序及用语

程序	项目	车站值班员	信号员	助理值班员	扳道员（长）	备注
一、发车预告	1. 发车预告	（1）向接车站发出："×（次）预告"，并听取复诵				
		（2）填写《行车日志》				使用计算机报点系统时，填记"电子《行车日志》"
二、准备进路	2. 停止调车作业	（3）指示扳道员（长）"×号，检查×号道岔区段空闲"			（1）复诵："×号，检查×号道岔区段空闲"	
		（4）听取扳道员（长）报告后应答："×号道岔区段空闲"			（2）现场检查后报告："×号，×号道岔区段空闲"	
		（5）通知信号员："停止影响进路的调车作业"，并听取报告	（1）复诵："停止影响进路的调车作业"。确认停止后，报告："影响进路的调车作业已停止"			停止调车作业时机，按《站细》规定。无影响进路的调车作业时，此项作业省略
	3. 准备进路	（6）通知信号员、扳道员（长）："×号、×（次）、×道发车，准备进路"。听取复诵无误后，命令："执行"	（2）复诵："×（次）、×道发车，准备进路"		（3）复诵："×号、×（次）、×道发车，准备进路"	
		（7）听取报告、确认进路正确，应答："好（了）"	（3）未故障区段正排调车进路，或将道岔单操至所需位置，接通光带确认进路正确（计算机联锁确认道岔开通位置正确）后锁闭，口呼："×道发车进路好（了）"		（4）确认故障区段空闲，将故障区段道岔就地操纵至所需位置（不改变位置时确认位置正确后）现场加锁，双人确认进路正确后，报告："×号，×道发车进路好（了）"	

续表

程序	项目	车站值班员	信号员	助理值班员	扳道员（长）	备注
三、准备发车	4.办理凭证	（8）通过监督器表示状态，确认发车条件				
		（9）填写绿色许可证				
		（10）与助理值班员核对绿色许可证		（1）与车站值班员核对绿色许可证		
		（11）核对正确无误后，签名并加盖站名印				
	5.准备发车	（12）将绿色许可证交助理值班员并指示："×（次）、×道发车"		（2）复诵："×（次）、×道发车"		
				（3）与扳道员（长）对道	（5）与助理值班员对道	
				（4）与司机核对绿色许可证，确认正确后交付司机		
四、发车	6.确认发车条件		（4）通过控制台监视信号及进路表示			
				（5）确认旅客上下、行包装卸和列检作业完了		其他发车条件的确认，按《站细》规定。动车组发车时，无此项作业
	7.发车			（6）按规定站在适当地点显示发车信号（使用列车无线调度通信设备发车时除外）		使用列车无线调度通信设备发车时，必须得到助理值班员发车条件具备的报告。动车组发车时，无此项作业

续表

程序	项目	车站值班员	信号员	助理值班员	扳道员（长）	备注
五、列车出发	8. 监视列车	（13）列车起动，通知接车站："×（次）、（×点）×（分）开"，并听取复诵				
		（14）填写《行车日志》				使用计算机报点系统时，填记"电子《行车日志》"
				（7）监视列车，于列车尾部越过发车地点，确认列车尾部标志后返回	（6）监视列车，确认列车尾部标志，于列车尾部越过最外方道岔后返回	
		（15）应答："好（了）"	（5）通过控制台确认列车整列出站后，口呼："×（次）出站"			信号员不能确认列车整列出站时，由扳道员确认并报告车站值班员
			（6）擦（划）掉占线板（簿）记载	（8）擦（划）掉占线板（簿）记载	（7）擦（划）掉占线板（簿）记载	
	9. 解锁进路	（16）通知信号员、扳道员（长）："解锁进路"	（7）复诵："解锁进路"		（8）复诵："解锁进路"	连续使用同一进路发出列车时，道岔可不解锁
		（17）听取信号员、扳道员（长）的报告后，应答："好（了）"	（8）按规定解锁进路后，向车站值班员报告："进路解锁好（了）"		（9）按规定解锁进路后，向车站值班员报告："进路解锁好（了）"	
	10. 报点	（18）向列车调度员报点："×（站）报点，×（次）、（×点）×（分）开"				使用计算机报点系统时，通过系统报点

2. 部分道岔区段轨道电路故障（不改变故障区段道岔位置）时接车

部分道岔区段轨道电路故障（不改变故障区段道岔位置）接车作业程序及用语，见表 3-30 所示。

表 3-30 部分道岔区段轨道电路故障（不改变故障区段道岔位置）接车作业程序及用语

程序	项目	车站值班员	信号员	助理值班员	扳道员（长）	备注
一、接受预告	1. 接受发车预告	（1）接受发车站预告并复诵："×（次）预告"				列车预告后，按《站细》规定通知有关人员
		（2）填写《行车日志》				使用计算机报点系统时，填记"电子《行车日志》"
	2. 准备接车	（3）按列车运行计划核对车次、时刻、命令、指示，必要时与列车调度员联系				
		（4）确定接车线				
		（5）通知信号员："×（次）预告"。并听取复诵	（1）复诵："×（次）预告"			
二、准备进路	3. 听取开车通知	（6）复诵发车站开车通知："×（次）、（×点×分）开（通过）"				
		（7）填写《行车日志》				使用计算机报点系统时，填记"电子《行车日志》"
		（8）通知信号员，助理值班员，扳道员（长）："×（次）开过来（了），×道停车"，并听取复诵	（2）复诵："×（次）开过来（了），×道停车"，并填写占线板（簿）	（1）复诵："×（次）开过来（了），×道停车"，并填写占线板（簿）	（1）复诵："×（次）开过来（了），×道停车"，并填写占线板（簿）	
		（9）按《站细》规定通知有关人员				

续表

程序	项目	车站值班员	信号员	助理值班员	扳道员（长）	备注
二、准备进路	4. 确认接车线	（10）指示扳道员（长）"×号，检查×号道岔区段空闲"			（2）复诵："×号，检查×号道岔区段空闲"	故障区段衔接到发线时，扳道员检查故障区段空闲时还应检查邻线机车车辆是否越出警冲标
		（11）听取扳道员（长）报告后应答："×号道岔区段空闲"			（3）现场检查后报告："×号，×号道岔区段空闲"	
		（12）通知信号员："确认×道空闲"，并听取报告	（3）确认接车线路空闲后，报告："×道空闲"			
		（13）通知信号员："停止影响进路的调车作业"，并听取报告	（4）复诵："停止影响进路的调车作业"。确认停止后，报告："影响进路的调车作业已停止"			停止调车作业时机，按《站细》规定。无影响进路的调车作业时，此项作业省略
		（14）通知信号员、扳道员（长）："×（次）、×道停车，准备进路"，听取复诵无误后命令："执行"	（5）复诵："×（次）、×道停车，准备进路"		（4）复诵："×号，×（次）×道停车，准备进路"	
	5. 准备进路	（15）确认进路正确，应答："×道接车进路好（了）"	（6）未故障区段正排调车进路，确认进路正确后取消开放的调车信号，或将道岔单操至所需位置，接通光带确认进路正确（计算机联锁确认道岔开通位置正确），口呼："×道接车进路好（了）"		（5）故障区段内道岔确认位置正确后，现场加锁。双人确认位置正确后报告："×号，×道接车进路好（了）"	

续表

程序	项目	车站值班员	信号员	助理值班员	扳道员（长）	备注
三、开放引导信号	6.开放引导信号	（16）向司机转达引导接车的调度命令				
		（17）在《行车设备检查登记簿》上进行破封登记				
		（18）通知信号员："开放×道引导信号"，听取复诵无误后，命令"执行"	（7）复诵："开放×道引导信号"			
		（19）确认引导信号正确，应答："×道引导信号好（了）"	（8）破封并按下（点击）引导按钮，确认进路光带正确，引导信号开放后，口呼："×道引导信号好（了）"			
四、接车	7.列车接近		（9）通过控制台监视信号及进路表示			
		（20）再次确认信号正确，应答："×（次）接近"	（10）第二（三）接近铃响、光带变红，再次确认信号开放正确，口呼："×（次）接近"			计算机联锁设备的接近铃响为语音提示
		（21）通知助理值班员、扳道员（长）："×号，×（次）接近，×道接车"。并听取复诵		（2）复诵："×（次）接近，×道接车"	（6）复诵："×号，×（次）接近，×道接车"	
	8.接车			（3）到《站细》规定地点接车	（7）站在适当地点接车	
五、列车到达	9.列车到达		（11）通过控制台监视进路、信号及列车进站	（4）监视列车进站，于列车停妥后返回	（8）监视列车进站，确认列车尾部标志，内方扳道员（长）需确认列车尾部过标，按规定显示过标信号后返回	

续表

程序	项目	车站值班员	信号员	助理值班员	扳道员（长）	备注
五、列车到达	9.列车到达	（22）听取报告后，应答："好（了）"	（12）通过控制台确认列车全部进入接车线，口呼："×（次）到达"		（9）向车站值班员报告："×号，×（次）到达"	
		（23）填写《行车日志》	（13）填写占线板（簿）	（5）填写占线板（簿）	（10）填记占线板（簿）	使用计算机报点系统时，填记"电子《行车日志》"
		（24）在《行车设备检查登记簿》上进行破封登记				
		（25）通知信号员、扳道员（长）："解锁进路"	（14）复诵："解锁进路"		（11）复诵："解锁进路"	连续使用同一进路接车时，道岔可不解锁
		（26）分别听取信号员、扳道员（长）报告，应答："好（了）"	（15）按规定解锁进路后，向车站值班员报告："进路解锁好（了）"		（12）按规定解锁进路后，向车站值班员报告："进路解锁好（了）"	
	10.报点	（27）向列车调度员报点："×（站）报点，×（次）、（×点）×（分）到"				使用计算机报点系统时，通过系统报点

（二）单线半自动闭塞车站轨道电路故障接发列车作业

1. 部分道岔区段轨道电路故障发车作业

部分道岔区段轨道电路故障发车作业程序及用语，如表3-31所示。

表3-31 部分道岔区段轨道电路故障发车作业程序及用语

程序	项目	车站值班员	信号员	助理值班员	扳道员（长）	备注
一、请求闭塞	1.与列车调度员联系	（1）向列车调度员报告，并抄收停止基本闭塞法改按电话闭塞法行车的调度命令	（1）揭挂"闭塞机停止使用"表示牌			

续表

程序	项目	车站值班员	信号员	助理值班员	扳道员（长）	备注
一、请求闭塞	2.确认区间空闲	（2）根据《行车日志》及各种行车表示牌，确认区间空闲				
		（3）按列车运行计划核对车次、时刻、命令、指示				
	3.办理闭塞手续	（4）请求闭塞："×（次）闭塞"				
		（5）复诵接车站发出的电话记录				
		（6）填写《行车日志》				使用计算机报点系统时，填记"电子《行车日志》"
		（7）通知信号员："×（次）闭塞好（了）"，并听取复诵	（2）复诵："×（次）闭塞好（了）"。揭挂"区间占用"表示牌			
二、准备进路	4.准备进路	（8）通知扳道员（长）："×号，检查×号道岔区段空闲"			（1）复诵："×号，检查×号道岔区段空闲"	
		（9）听取报告后应答："×号道岔区段空闲"			（2）现场检查确认后报告："×号，×号道岔区段空闲"	
		（10）通知信号员、扳道员（长）："停止影响进路的调车作业"，并听取报告	（3）复诵："停止影响进路的调车作业"，确认停止后报告："影响进路的调车作业已停止"		（3）复诵："停止影响进路的调车作业"，现场确认停止后报告："×号，影响进路的调车作业已停止"	停止调车作业时机，按《站细》规定。无影响进路的调车作业时，此项作业可省略

续表

程序	项目	车站值班员	信号员	助理值班员	扳道员（长）	备注
二、准备进路	4. 准备进路	（11）通知信号员、扳道员（长）："×号、×（次）、×道发车，准备进路"。听取复诵无误后命令："执行"	（4）复诵："×号、×（次）、×道发车，准备进路"		（4）复诵："×号、×（次）、×道发车，准备进路"	
		（12）听取报告，确认进路正确后，应答"好（了）"	（5）未故障区段正排调车进路，或将道岔单操至所需位置，接通光带确认进路正确（计算机联锁确认道岔开通位置正确）后锁闭，口呼："×道发车进路好（了）"		（5）确认故障区段空闲，将故障区段道岔就地操纵至所需位置（不改变位置时确认位置正确后），现场加锁，双人确认进路正确后，报告："×号、×道发车进路好（了）"	
三、准备发车	5. 办理凭证	（13）核对车次、区间、电话记录号码，填写路票				
		（14）与助理值班员核对调度命令、路票		（1）与车站值班员核对调度命令、路票		
		（15）核对正确无误后，加盖站名印				
		（16）将调度命令、路票交助理值班员，指示："×（次）×道发车"，并听取复诵		（2）复诵："×（次）×道发车"		
	6. 交付凭证			（3）与扳道员（长）对道	（7）与助理值班员对道	
四、发车	7. 确认发车条件			（4）与司机核对路票无误后交付司机，并将调度命令交司机、运转车长		

130

续表

程序	项目	车站值班员	信号员	助理值班员	扳道员（长）	备注
四、发车	7.确认发车条件			（5）确认发车条件具备		
	8.发出列车			（6）按规定站在适当地点显示发车信号或向运转车长显示发车指示信号并应依式中转发车信号（使用列车无线调度通信设备发车时除外）		使用列车无线调度通信设备发车时，必须得到助理值班员发车条件具备的报告
	9.监视列车	（17）列车起动，通知接车站："×（次）、×（点）×（分）开"，并听取复诵				
		（18）填写《行车日志》				使用计算机报点系统时，填记"电子《行车日志》"
		（19）应答："好（了）"	（6）通过控制台，确认列车出站，口呼：×（次）出站	（7）监视列车，于列车尾部越过发车地点，确认列车尾部标志后返回	（8）监视列车，确认列车尾部标志，于列车尾部越过最外方道岔后返回	信号员不能确认列车整列出站时，由扳道员确认并报告车站值班员
			（7）擦（划）掉占线板（簿）记载	（8）擦（划）掉占线板（簿）记载	（9）擦（划）掉占线板（簿）记载	
五、列车出发	10.解锁进路	（20）通知信号员、扳道员："解锁进路"	（8）复诵："解锁进路"		（10）复诵："解锁进路"	连续使用同一进路发出列车时，道岔可不解锁
		（21）听取信号员、扳道员报告后，应答："好（了）"	（9）按规定解锁进路后，向车站值班员汇报："进路解锁好（了）"		（11）按规定解锁进路后，向车站值班员汇报："进路解锁好（了）"	

续表

程序	项目	车站值班员	信号员	助理值班员	扳道员（长）	备注
五、列车出发	11. 报点	（22）向列车调度员报点："×（站）报点，×（次）、（×点）×（分）开"				使用计算机报点系统时，通过系统报点
	12. 接受到达通知	（23）复诵接车站列车到达电话记录	（10）摘下"区间占用"表示牌，揭挂"区间空闲"表示牌			
		（24）填写《行车日志》				使用计算机报点系统时，填记"电子《行车日志》"

2. 部分道岔区段轨道电路故障（不改变故障区段道岔位置）时接车作业

部分道岔区段轨道电路故障（不改变故障区段道岔位置）时接车作业程序及用语，如表3-32所示。

表3-32　部分道岔区段轨道电路故障（不改变故障区段道岔位置）时接车作业程序及用语

程序	项目	车站值班员	信号员	助理值班员	扳道员（长）	备注
一、承认闭塞	1. 确认区间空闲	（1）听取发车站请求闭塞				
		（2）根据闭塞表示灯、《行车日志》及各种行车表示牌，确认区间空闲				
		（3）按列车运行计划核对车次、时刻、命令、指示				
		（4）同意闭塞："同意×（次）闭塞"				列车闭塞后，按《站细》规定通知有关人员
	2. 办理闭塞手续	（5）通知信号员："办理×（次）闭塞"，并听取复诵	（1）复诵："办理×（次）闭塞"			
		（6）应答："×（次）闭塞好（了）"	（2）一听铃响，二看黄灯、三按闭塞按钮、四确认绿色灯光，口呼："×（次）闭塞好（了）"			

续表

程序	项目	车站值班员	信号员	助理值班员	扳道员（长）	备注
一、承认闭塞	2.办理闭塞手续	（7）填写《行车日志》				使用计算机报点系统时，填记"电子《行车日志》"
		（8）必要时与列车调度员核对车次，了解列车停、通、会作业时间等				
		（9）确定接车线				
		（10）通知信号员、助理值班员、扳道员（长）："×号，×（次）、×道停车"，并听取复诵	（3）复诵："×（次）、×道停车"，并填写占线板（簿）	（1）复诵："×（次）、×道停车"，并填写占线板（簿）	（1）复诵："×号，×（次）、×道停车"，并填写占线板（簿）	
二、准备进路	3.听取开车通知	（11）复诵发车站开车通知："×（次）、（×）点×（分）开（通过）"				
		（12）填写《行车日志》				使用计算机报点系统时，填记"电子《行车日志》"
		（13）通知信号员、助理值班员、扳道员（长）："×号，×（次）开过来（了）"，并听取复诵	（4）复诵："×（次）开过来（了）"，并填写占线板（簿）	（2）复诵："×（次）开过来（了）"，并填写占线板（簿）	（2）复诵："×号，×（次）开过来（了）"，并填写占线板（簿）	
		（14）按《站细》规定通知有关人员				
	4.检查接车进路	（15）通知扳道员（长）："×号，检查×号道岔区段空闲"，并听取复诵			（3）复诵："×号，检查×号道岔区段空闲"	
					（4）现场检查确认	

133

续表

程序	项目	车站值班员	信号员	助理值班员	扳道员（长）	备注
二、准备进路	5.确认接车线	（16）应答："×号道岔区段空闲"			（5）向车站值班员报告："×号、×号道岔区段空闲"	
		（17）通知信号员："确认×道空闲"，并听取报告	（5）确认接车线路空闲后，口呼："×道空闲"			
		（18）通知信号员："停止影响进路的调车作业"，并听取报告	（6）复诵："停止影响进路的调车作业"。确认停止后报告："影响进路的调车作业已停止"			停止调车作业时机，按《站细》规定。无影响进路的调车作业时，此项作业省略
	6.准备进路	（19）通知信号员、扳道员（长）："×（次）、×道停车，准备进路"。听取复诵无误后，命令"执行"	（7）复诵："×（次）、×道停车，准备进路"		（6）复诵："×号、×（次）×道停车，准备进路"	
		（20）复检确认正确后，应答："×道接车进路好（了）"	（8）未故障区段正排调车进路，确认进路正确后取消开放的调车信号，或将道岔单操至所需位置，接通光带确认进路正确（计算机联锁确认道岔开通位置正确），口呼："×道接车进路好（了）"		（7）故障区段道岔确认位置正确后，现场加锁。双人确认位置正确后报告："×号，×道接车进路好（了）"	
三、开放引导信号	7.开放引导信号	（21）向司机转达引导接车的调度命令				
		（22）在《行车设备检查登记簿》上进行破封登记				

续表

程序	项目	车站值班员	信号员	助理值班员	扳道员（长）	备注
三、开放引导信号	7.开放引导信号	（23）通知信号员："开放×道引导信号"。听取复诵无误后，命令："执行"	（9）复诵："开放×道引导信号"			
		（24）确认引导信号正确后，应答："×道引导信号好（了）"	（10）破封并按下（点击）引导按钮，确认进路光带正确引导信号开放后，口呼："引导信号好（了）"			
四、接车	8.列车接近		（11）通过控制台监视信号及进路表示			
		（25）再次确认信号正确，应答："×（次）接近"	（12）接近铃响、光带（表示灯）变红，再次确认信号开放正确，口呼："×（次）接近"			计算机联锁设备的接近铃响为语音提示
		（26）通知助理值班员、扳道员（长）："×号，×（次）接近，×道接车"，并听取复诵		（3）复诵："×（次）接近，×道接车"	（8）复诵："×号，×（次）接近，×道接车"	
	9.接车			（4）到《站细》规定地点接车	（9）再次确认接车线路空闲，到适当地点接车	
五、列车到达	10.列车到达		（13）通过控制台监视进路、信号及列车进站	（5）监视列车，于列车尾部越过发车地点，确认列车尾部标志后返回	（10）监视列车进站，确认列车尾部标志，内方扳道员（长）需确认列车尾部过标，按规定显示过标信号后返回	

135

续表

程序	项目	车站值班员	信号员	助理值班员	扳道员（长）	备注
五、列车到达	10.列车到达	（27）应答："好（了）"	（14）通过控制台确认列车整列进入接车线，口呼："×（次）到达"		（11）报告："×号，×（次）到达"	
		（28）填记《行车日志》	（15）填写占线板（簿）	（6）填写占线板（簿）	（12）填写占线板（簿）	使用计算机报点系统时，填记"电子《行车日志》"
		（29）在《行车设备检查登记簿》上进行破封登记				
		（30）通知信号员、扳道员（长）："解锁进路"	（16）复诵："解锁进路"		（13）复诵："解锁进路"	连续使用同一进路接车时，道岔可不解锁
		（31）分别听取信号员、扳道（长）报告，应答："好（了）"	（17）按规定解锁进路后，向车站值班员汇报："进路解锁好（了）"		（14）按规定解锁进路后，向车站值班员汇报："进路解锁好（了）"	
		（32）向列车调度员报点："×（站）报点，×（次）、×（点）×（分）到"				使用计算机报点系统时，通过系统报点
	11.办理故障复原	（33）请求并抄收使用故障按钮的调度命令				
		（34）在《行车设备检查登记簿》上进行破封登记				
		（35）通知信号员："调度命令×号，办理×（站）区间故障复原"，并听取复诵	（18）复诵："调度命令×号，办理×（站）区间故障复原"			

续表

程序	项目	车站值班员	信号员	助理值班员	扳道员（长）	备注
五、列车到达	11.办理故障复原	（36）应答："好了）"	（19）破封使用故障按钮，办理复原后，口呼："×（站）区间复原"			
	12.报点	（37）通知发车站："×（次）、（×点）×（分）到"，并听取复诵				

【实训练习】

1. 双线自动闭塞道岔区段轨道电路故障接发列车。

（1）已知条件。

① 阶段计划：41102 次 11：00 到，11：30 开。

② 追踪列车间隔时间 I=10 min。

（2）演练要求。

① 执行接发列车作业标准，办理接发列车作业。

② 故障设置：41102 次到达后出现发车进路上道岔区段轨道电路出现红光带（道岔在所需位置），出站信号机不能开放。

2. 单线半自动无岔区段轨道电路故障接发列车。

（1）已知条件。

① 阶段计划：客车 6030 次 9：40 到，9：45 开。

② 相邻区间上下行客货列车运行时分均为 10 min。

（2）演练要求。

① 执行接发列车作业标准，办理客车 6030 次接发。

② 故障设置：开放客车 6030 次进站信号后，1 道轨道电路区段出现红光带。

3. 双线自动闭塞出站信号机故障接发列车。

（1）已知条件。

① 阶段计划：客车 1117 次 7：30 到，7：35 开；

② 追踪列车间隔时间 I=8 min。

（2）演练要求。

① 执行接发列车作业标准办理客车 1117 次接发；

② 故障设置：客车 1117 次到达后，下行出站信号故障及监督器无表示，自动闭塞作用良好。

4. 双线自动闭塞（未设信号员）道岔无表示接发列车。

（1）已知条件。

① 阶段计划：27012 次 22：30 到，22：40 开。

② 追踪列车间隔时间 I=8 min。

（2）演练要求。

① 执行接发列车作业标准，接发 27012 次列车。

② 故障设置：27012 次进站信号开放后，进路上的道岔失去表示。

5. 双线自动闭塞进站信号机与轨道电路故障接发列车。

（1）已知条件。

① 阶段计划：31102 次 11：00 到，11：30 开。

② 追踪列车间隔时间 I=8 min。

（2）演练要求。

① 执行接发列车作业标准，办理 31102 次接发列车作业。

② 故障设置：31102 次接车开放进站信号后，进站信号机故障；31102 次到达后、发车预告前出现轨道电路故障，出站信号不能开放。

6. 单线半自动轨道电路与出站信号机故障接发列车。

（1）已知条件。

① 阶段计划：41113 次 9：40 到，9：50 开。

② 相邻区间上下行客货列车运行时分均为 10 min。

（2）演练要求。

① 执行接发列车作业标准，办理 41113 次接发列车作业。

② 故障设置：开放 41113 次进站信号后，1G 出现红光带；41113 次办理闭塞前出站信号机故障。

任务二　运行条件变化接发列车作业

一、相关知识

(一)运行条件变化处理程序

运行条件变化改变了列车运行的条件，通常会发生列车不能按照原来设备所提供的条件使用，或设备达不到列车运行所需要的正常条件，或列车自身有与其他列车不同的运行条件要求。如列车在双线单向区段反方向运行时，就不能提供闭塞设备的保护。

运行条件变化主要有双线反方向或改按单线行车、非到发线接发列车、由未设出站信号机的线路发车、列车头部越过出站信号机的超长列车发车、车站无空闲线路接车、列车退行等情况，还有如接发超长列车、超限列车等特殊条件的列车。其中向非到发线接车、由未设出站信号机的线路发车、列车头部越过出站信号机的超长列车发车等可以通过分析找出与行车设备故障的一些办理特点，在本书中就不列为典型工作任务介绍。

当运行条件发生变化时，车站值班员应清楚处理程序及程序中所涉及的用语、调度命令的请求与接收，并分析接发列车作业的依据，确定接发列车作业方法。

无论何时运行条件发生变化，车站值班员应根据条件变化情况做出初步判断，并及时进行应变处理。

运行条件变化处理程序，如图3-3所示。

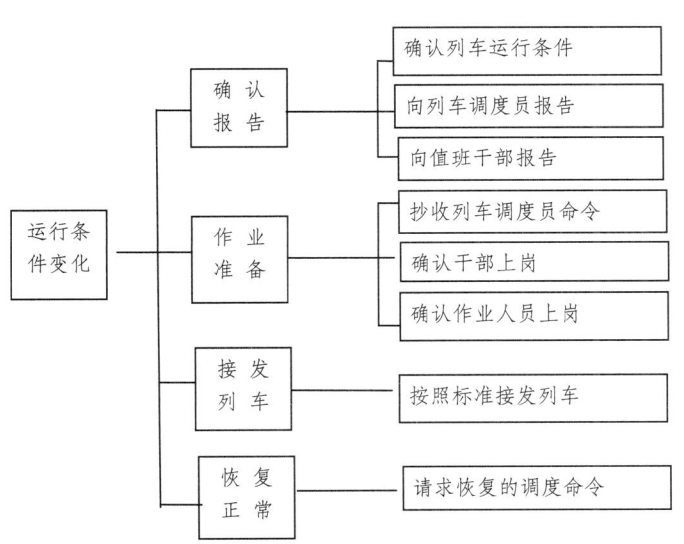

图3-3　运行条件变化处理程序图

1. 确认报告

车站值班员主要是通过信号员、助理值班员等确认运行条件变化的现象，及时联系或报告列车调度员、车站值班干部，以便他们了解现场情况，组织指挥列车运行。

2. 作业准备

车站值班员确认运行条件变化情况，报告列车调度员并请求及接收调度命令。列车调度员根据车站值班员的请求，下达调度命令。车站值班员将调度命令登记在附件七"调度命令登记簿"上。根据需要再誊抄在附件四"调度命令"上，或在 TDCS 系统上接收后直接打印。通知作业人员上岗，确定接发列车作业方法（多方向车站要核对列车运行计划）。

3. 接发列车

车站值班员根据确定的接发列车作业方法，运行条件变化的时机、影响，按接发列车作业程序继续完成接车或发车作业。

4. 恢复正常

车站值班员确认运行条件恢复正常，再报告列车调度员，有必要时请求恢复正常接发列车作业的调度命令。

（二）双线反方向或改按单线行车

1. 无双向闭塞设备的双线区间反方向或改按单线行车

1）双线单向自动闭塞设备特点

无双向闭塞设备的双线区段，每条线路仅在区间正方向设置通过信号机，反方向则无通过信号机，车站无反方向进站信号机，即正方向有自动闭塞设备，反方向无闭塞设备，列车反方向发车时无法开放出站信号机。

2）反方向行车

（1）准许双线反方向行车的情况。

《技规》规定："在双线区间，列车应按左侧单方向运行。仅限于整理列车运行时，方可使列车反方向运行，但旅客列车仅在正方向区间的线路封锁施工、发生自然灾害或因事故中断行车等特殊情况下，经铁路局调度所值班主任准许，方可反方向运行。"

（2）发车办法。

① 发车前，须向列车调度员申请停止基本闭塞法改用电话闭塞法的调度命令，并将调度命令转交司机。

② 车站值班员根据列车调度员的命令，停止基本闭塞法改按电话闭塞法行车。双方站均应在控制台上加挂"电话闭塞"行车表示牌。

③ 车站值班员根据闭塞表示灯、TDCS 终端显示、《行车日志》及各种安全帽确认区间空闲，与接车站办理闭塞手续，抄收接车站承认闭塞的电话记录号码，闭塞办理妥当后，揭挂"区间占用"表示牌。

④ 布置准备发车进路的命令时，须向有关人员讲清"反方向"发车，并要求受令人复诵。利用排列调车进路或单操单锁道岔方式准备发车进路。

⑤ 车站值班员确认进路正确后，核对车次、区间、电话记录号码，方可填发路票，并在路票票面上加盖"反方向行车"章。

⑥ 助理值班员与车站值班员认真核对路票、调度命令，核对正确，通过控制台再次确认发车进路正确后（由于设备的关系，助理值班员不能通过控制台确认发车进路时，可不确认），助理值班员与司机核对路票、调度命令，无误后一并交给司机。

⑦ 确认具备发车条件，发车。列车出发后，通知接车站发车时刻，提醒接车站"反方向行车"。列车到达后，接收接车站列车到达的电话记录号码，办理区间开通手续，摘下"区间占用"表示牌。

（3）接车办法。

① 车站值班员接收停止基本闭塞法改用电话闭塞法、准许反方向行车和引导手信号接车的调度命令。

② 车站值班员根据列车调度员的命令，停止基本闭塞法改按电话闭塞法行车。双方站均应在控制台上加挂"电话闭塞"行车表示牌。

③ 车站值班员根据闭塞表示灯、TDCS 终端显示、《行车日志》及各种安全帽确认区间空闲，与发车站办理闭塞手续，发出承认闭塞的电话记录号码，闭塞办理妥当后，揭挂"区间占用"表示牌。

④ 布置接车进路时，须讲清"×站反方向开来×次进×道停车（通过），准备进路"，并要求受令人复诵。集中联锁车站通过排列调车进路或单操单锁道岔方式准备接车进路。

⑤ 车站值班员指派引导员到站界标外方显示引导手信号接车，下达命令必须加"反方向"，并要求受令人复诵。

⑥ 列车到达后，收回路票并划"×"注销，向发车站发出列车反方向到达的电话记录号码，办理区间开通手续，摘下"区间占用"表示牌。

3）双线改按单线行车

（1）准许双线改按单线行车的情况。

① 双线之一线封锁施工时。

② 双线之一线设备发生故障或自然灾害不能行车时。

③ 双线之一线发生行车事故中断行车时。

发生双线反方向或改按单线行车的情况，列车运行必须按站间区间行车，还须取得调度员的"调度命令"准许。无双向闭塞设备的双线区段反方向没有闭塞设备，所以无双向闭塞设备的双线区间反方向发车或改按单线行车时必须停止基本闭塞改用电话闭塞法行车。双线双向区段反方向通常设有自动站间闭塞设备，可以实现正常行车。

（2）接发车办法。

① 列车调度员发令封锁区间某一条正线，改按单线行车时，两端站均应在控制台上加挂"×区间×行正线封锁"表示牌。

② 执行列车调度员停基改电的调度命令，按单线行车办理电话闭塞手续。如果甲站连续向乙站发车，乙站需重新发出电话记录号码承认闭塞，甲站不可沿用前次列车到达乙站后开通区间的电话记录号码填发路票。

③ 车站值班员应将列车的发、到时刻通知邻站，记入《行车日志》，并在记事栏内注明"反"字。

④ 双线改按单线行车后，正方向发车也必须停基改电，不允许一条正线上有两种闭塞方法交替使用。

2. 双向闭塞设备的双线区间反方向或改按单线行车

双线双向自动闭塞区段，正方向设有自动闭塞设备，反方向一般按自动站间闭塞行车。

双线双向自动闭塞区段，需要设置改变运行方向电路，以改变列车在区间的运行方向。只有改变了运行方向，正方向通过信号机才会灭灯，允许反方向运行，构成双线反方向行车。

双线改按单线行车是利用双线之一线，组织上下行列车运行。

1）正常办理改变发车方向

改变发车方向的前提：监督区间表示灯灭灯，对方站未建立发车进路，区间空闲。

自动闭塞设备正常，需要反方向发车时，车站值班员向列车调度员报告，申请并接收准许反方向行车的调度命令，方可办理反方向接发列车作业。

查看本站接、发车方向表示灯，若本站接车方向表示灯黄灯点亮，则本站为接车站。若本站要发车，应确认区间空闲、监督区间表示灯灭灯，按下发车方向的允许改方按钮，车站值班员只要办理反方向发车进路，就可以改变闭塞方向（车站设备不同，办理方法也有所区别，有的设备只要办理发车进路就可以自动改变闭塞方向）。这时本站原接车方向表示黄灯熄灭，发车方向表示绿灯点亮，对方站原发车方向表示绿灯熄灭、接车方向表示黄灯点亮，闭塞方向改变完毕，即原接车站变为发车站，原发车站变为接车站。也就是说，在区间空闲的情况下，谁建立发车进路，谁就自动改变闭塞方向、成为发车站。当列车由本站出发完整到达邻站、区间空闲 9 s 后，若本站没再办理发车进路，则监督区间表示红灯才熄灭。

2）辅助办理改变发车方向

当区间的检查设备故障或方向电路发生故障，出现"双接"现象（即区间两端站同时为接车状态，双方控制台上接车表示灯都点亮、发车表示灯都灭灯，两站的监督区间表示灯同时点亮），不能正常改变闭塞方向时，车站值班员在确认区间空闲后，向列车调度员申请使用总辅助按钮的命令，并在"运统-46"内登记，破封按压总辅助按钮改变闭塞方向。

（1）继电联锁车站辅助办理的方法。

① 区间两端站值班员电话联系，共同确认区间空闲，由需要改为发车方向的车站值班员向列车调度员申请使用辅助按钮的调度命令。

② 列车调度员接到车站值班员申请使用辅助按钮的请求后，应详细了解现场情况，查明区间空闲，方可向区间两端站同时发布调度命令，如表 3-33 所示。

表 3-33 使用辅助按钮的调度命令

命令号码：第 1412 号　　　　2015 年 5 月 16 日 15 时 15 分　　　　发令人：王 强

受令处所	×站、×站	受令情况
内　容	根据×站请求，现查明×站至×站间×行线区间空闲，准许×站使用总辅助按钮改变闭塞方向。	

（规格 110 mm×160 mm）　　　　受令车站　　×站　　车站值班员　　马六

③ 需要改为发车方向的车站先破封，同时按下总辅助按钮和发车辅助按钮不松手，通知接车站办理。查询接车站接车表示灯亮稳定黄灯、发车站发车表示灯亮稳定绿灯，发车站值班员方可松手。

接车站值班员接通知后，立即破封同时按下总辅助按钮和接车辅助按钮，确认两站的辅助表示灯点亮稳定白灯，方可松手。9 s 后，两站的区间监督表示灯灭灯，改变闭塞方向完成。

运行方向改变 9 s 后，如遇两站的区间监督表示灯仍不熄灭，则有可能是区间轨道电路故障还未排除。此时该站发车，车站值班员向列车调度员申请停基改电的调度命令，按调车方式排列进路，使用路票发车。故障消除后，再正常办理发车。

（2）计算机联锁车站辅助办理的方法。

计算机联锁车站办理前也应确认区间空闲，由需要改为发车方向的车站向列车调度员申请使用总辅助按钮的命令。

具体操作方法分别介绍如下：

① DS6-Ⅱ型。

需改变发车方向的车站事先通知接车方向站共同办理。欲改发车方向车站先点击发车方向的总辅助按钮和发车辅助按钮（总辅助按钮保持按下状态 10 s），10 s 内点击发车辅助和接车辅助按钮，25 s 内发车辅助按钮的图形由空心圆变为实心圆，说明该按钮在保持按下状态，辅助表示灯开始白色闪光。

接车方向车站需在 25 s 内破铅封点击对应方向的总辅助按钮及接车辅助按钮，待两站的辅助表示灯亮稳定白灯，接车站才能松开。接车站接车表示灯亮稳定黄灯，发车站发车表示灯亮稳定绿灯，完成闭塞方向改变，接着两站的辅助表示灯熄灭。

如 25 s 内发车站的发车表示绿灯未点亮，则应在 25 s 倒计时结束前，重复点击总辅助按钮和发车辅助按钮（破铅封），使发车辅助按钮重新计时、保持按下状态，通知接车站继续办理，直至完成改变闭塞方向。

② 铁科 TYJL-Ⅱ型。

需改变发车方向的车站，点击发车方向的总辅助按钮（输入口令），点击发车辅助按钮（10 s 内重复点击、使该按钮保持按下状态），在此时间内通知接车站办理。

接车站接到通知后，点击接车方向的总辅助按钮（输入口令），在发车站辅助按钮保持按下状态时间内，点击接车辅助按钮。

双方确认总辅助按钮表示灯由闪光变为稳定灯光，直到接车站接车表示灯亮稳定黄灯，发车站发车表示灯亮稳定绿灯，闭塞方向改变完成。

因总辅助按钮为非自复式，使用完后应注意清除。

（三）站内无空闲线路接车

1. 接车条件

《技规》规定：在站内无空闲线路的特殊情况下，只准许接入为排除故障、事故救援、疏解车辆等所需要的救援列车、不挂车的单机及重型轨道车。

2. 接车前的准备

接车前，车站值班员应亲自或派人确认接车线停留车辆距警冲标的距离。若距离不够，应指示其向前或向后移动，保证能容纳接入的列车。若该线停有机车、重型轨道车及各种动车，接车前应通知司机不得移动。

3. 接车方法

向有车线接车时，集中联锁车站应采用排列调车进路方式准备接车进路，不得开放进站信号机。车站值班员在接车进路准备妥当后，指派助理值班员或调车长在进站信号机（或站界标）外方，显示停车手信号，待列车停车后，将接入的线路、停留车位置、列车停车地点及有关注意事项告知司机，然后登乘机车以调车信号旗（灯）将列车领入站内。

（四）非到发线接发列车

1. 非到发线接车

由于非到发线和进站信号机之间没有联锁关系，接车时不能开放进站信号机，所以应采用引导总锁闭方式接车。

车站值班员请求并接收准许向非到发线接车及引导信号接车的调度命令。

车站值班员按照列车调度员的命令，采用基本闭塞法办理行车。派胜任人员检查接车线路空闲，并听取报告。集中区的接车进路排列调车进路后取消调车信号或单独操纵道岔准备进路，确认进路正确；非集中区道岔就地操纵至所需位置，确认进路正确后现场加锁。车站值班员听取扳道员进路准备好和确认正确的报告后，登记"运统-46"，破封使用和引导按钮，开放引导信号接车。

车站值班员须将引导接车及向非到发线接车的调度命令向司机转达。

列车尾部进入接车线后，扳道人员将非集中区加锁的道岔解锁恢复定位，车站值班员或信号员拉出（再次点击）引导总锁闭按钮，解锁集中区的道岔。

2. 非到发线发车

由于非到发线和出站信号机之间没有联锁关系，发车时不能开放出站信号机，在自动闭塞车站使用绿色许可证发车，半自动闭塞、自动站间闭塞车站需停止基本闭塞法改用电话闭塞法，使用路票发车。

1）自动闭塞车站非到发线发车

车站值班员请求并接收准许由非到发线上发车的调度命令。

车站值班员按照列车调度员的指示按自动闭塞法准备发车。集中区的发车进路采用排列调车进路方式或单操单锁道岔方式准备进路；非集中区道岔就地操纵至所需位置，确认进路正确后现场加锁。车站值班员听取扳道员进路准备好和确认正确的报告后，方可填发绿色许可证。

助理值班员与车站值班员认真核对绿色许可证、调度命令正确后，再次通过控制台确认集中区发车进路正确（由于设备关系助理值班员不能通过控制台确认发车进路时可不确认）；对非集中区道岔与扳道员对道后，与司机核对绿色许可证、调度命令无误后交与司机，确认具备发车条件后发车。

车站值班员通过控制台和送车的扳道员确认列车全部越过最外方道岔后，将加锁的道岔解锁；非集中区将道岔恢复定位。

2）半自动闭塞、自动站间闭塞车站非到发线发车

车站值班员请求并接收准许由非到发线上发车、停止基本闭塞法改用电话闭塞法行车的调度命令。

车站值班员根据列车调度员的命令，停止基本闭塞法改按电话闭塞法行车。根据闭塞表示灯、TDCS终端显示、《行车日志》及各种安全帽确认区间空闲，与接车站办理闭塞手续，抄收接车站承认闭塞的电话记录号码，闭塞办理妥当后，揭挂"区间占用"表示牌。

集中区的发车进路采用排列调车进路方式或单操单锁道岔方式准备进路；非集中区道岔就地操纵至所需位置，确认进路正确后现场加锁。车站值班员听取扳道员进路准备好和确认正确的报告后，方可填发路票。

助理值班员与车站值班员认真核对路票、调度命令正确后，再次通过控制台确认集中区发车进路正确（由于设备关系助理值班员不能通过控制台确认发车进路时可不确认）；对非集中区道岔与扳道员对道后，与司机核对路票、调度命令无误后交与司机，确认发车条件具备后发车。

车站值班员通过控制台和送车的扳道员确认列车全部越过最外方道岔后，将加锁的道岔解锁，非集中区将道岔恢复定位。

抄收接车站"列车到达"的电话记录号码，办理开通区间手续，摘下"区间占用"表示牌。请求并接收恢复基本闭塞法的调度命令。

（五）特殊列车的接发作业

1. 超长列车

1）超长列车的定义

实际编成的列车长度超过了列车运行图规定的该区段换算列车长度标准（计长）时，称为超长列车。

对于到发线有效长较短的车站，列车长度虽未超过列车运行图规定的该区段列车的计长，但实际长度（包括机车长度及附加制动距离）超过该站到发线有效长时，在编制列车运行图和日常调度指挥中，可组织列车在该站通过。如确因作业需要停车时，应按超长列车办理。

编组超长列车时，必须考虑运行区段内的具体条件，其最大长度不得超过区段内一个车站两股最短到发线客车数之和，且不宜编挂超限车辆及其他限速车辆。

2）超长列车的发车

开行超长列车时，必须得到列车调度员的命令准许，始发站值班员应向列车司机转交调度命令跨铁路局的超长列车应转发铁路总公司准许的命令。列车调度员对超长列车运行应重点掌握，跨局时，须取得对方局调度同意，并在日班计划内确定。开行前，列车调度员以调度命令向有关站及本次列车司机布置注意事项。

超长列车发车，车站值班员应在办理闭塞（预告）时通知接车站，以便接车站做好准备。

当超长列车头部越过出站信号机发车时，在不影响车站后端咽喉作业的情况下，可使列车后退，开放信号机发车。遇超长列车头部越过出站出站信号机而又不能后退的情况下，可按下列办法办理发车作业。

（1）自动闭塞区段。

在自动闭塞区段，如闭塞设备作用良好，仍按自动闭塞法行车，车站值班员在确认第一离去分区空闲后,按接标规定的程序办理发车作业,准备发车进路时,对未占用的轨道电路区段可排列调车进路,开放调车信号锁闭进路(调车进路不能完全锁闭整个发车进路时,其他道岔可单操单锁)或通过单操单锁准备进路(含防护道岔),并再度确认进路正确。在确认进路准备妥当后,填发绿色许可证及调度命令卷(使用列车无线调度通信设备转达调度命令时除外)。当监督器不表示时,发车前应确认接到前次列车到达邻站的通知或前次列车发出后不少于 10 min 的时间才能发出列车,同时,还须书面通知司机,以在瞭望距离内能随时停车的速度,最高不超过 20 km/h,运行到第一架通过信号机,按其显示的要求执行。

(2)半自动闭塞区段。

在半自动闭塞区段,如超长列车头部越过出站信号机而未压上出站方面的轨道电路时,仍能正常办理闭塞、开放出站信号机,但司机无法确认出站信号机的显示状态,需发给司机准许列车头部越过出站信号机发车的调度命令;如超长列车头部越过出站信号机并压上出站方面的轨道电路时,基本闭塞设备不能正常使用,必须取得列车调度员停止基本闭塞法改用电话闭塞法的调度命令后,按电话闭塞办理,排列调车进路或单操单锁准备发车进路,使用路票发车。

(3)自动站间闭塞区段。

在自动站间闭塞区段,如超长列车头部越过出站信号机不能开放出站信号,应取得列车调度员停止基本闭塞法改用电话闭塞法的调度命令后,按电话闭塞办理,排列调车进路或单操单锁准备发车进路,使用路票发车。

3)超长列车的接车

(1)接车站遇超长列车长度不超过接车线有效长时,可不按超长列车办理,而非超长列车长度超过接车线有效长时,亦应按超长列车办理。

(2)车站接发列车时原则上应使超长列车通过。

(3)超长列车停车后,需使列车前部越过出站信号机或警冲标时,由车站接车人员口头通知司机,司机根据调车信号机或接车人员显示的手信号运行,使列车向前移动。

(4)超长列车的到达时刻,以列车到站的第一次停车时刻为准。

(5)超长列车进站停妥后,遇列车不能向前移动,而列车尾部尚未进入进站信号机时,不得办理区间开通手续。

(6)编组站、区段站超长列车到达后,如需摘解为两部分停留时,应通知列检先试风,然后由到达本务机担当摘解作业,再进行技术检查。

(7)当超长列车尾部停在警冲标外方(俗称"压标"),由相对方向接入列车或进行调车作业时,列车或调车车列可能越过接车线末端警冲标而与超长列车尾部发生侧面冲突。为防止事故发生,应根据线路设备情况,采取相应的安全措施。

① 在进站信号机外制动距离内进站方向为超过 6‰ 的下坡道,而接车线末端无隔开设备,接入相对方向的列车时,必须使列车在站外停车后,再接入站内。

② 在进站信号机外制动距离内进站方向为上坡道、平道或不超过 6‰ 的下坡道时,可开放进站信号机,将列车直接接入站内。

③ 如在邻线上未设调车信号机,又无隔开设备,相对方向需要进行调车作业时,必须派人以停车手信号对列车进行防护。

2. 超限列车

1）超限列车的定义

超限列车是指编挂装载超限货物车辆的列车。

货物装车后，车辆停留在水平直线上，货物的任何部位超出机车车辆限界基本轮廓者，或车辆行经半径为 300 m 的曲线时，货物的计算宽度超出机车车辆限界基本轮廓者，均为超限货物。

车站挂运超限车前，应向铁路局调度所拍发超限车辆挂运请示电报。铁路局调度所接到车站挂运请示或邻局预报后，应根据超限货物运输批示电报核对挂运请示或预报内容，制定具体运行条件，填写超限车辆挂运通知单，纳入日（班）计划。挂运跨及两个调度所的超限车前，须征得邻局调度所的同意。相邻调度所间的预报内容，应包括挂运车次、批示电报号码、车种车型、到站、品名、超限等级和有关注意事项等。调度所在挂运和接运超限车前，应将管内的具体运行条件以调度命令下达有关站段。运行上有限制条件的超限车，除有特别指示外，禁止编入直达、直通列车。没有调度命令的超限车，禁止编挂。

2）接发超限列车的有关规定

车站接发列车工作人员必须对本站各到发线的线间距、各建筑物及设备的限界和超限车的运行条件等，准确掌握，严格按有关规定办理接发列车，以确保列车安全运行。

（1）车站接到挂运命令后，应及时做好车辆挂运准备工作，并将调度命令交值乘司机。

（2）站内相邻两线均需通行超限货物列车时，最小线间距应达到 5 300 mm，站内相邻两线中有一条通行超限货物列车时，最小线间距应达到 5 000 mm。

（3）超限列车应按《站细》规定的线路办理到发或通过。遇到特殊情况需要临时变更线路时，须得到列车调度员准许。

（4）车站值班员应在办理闭塞（预告）时通知接车站，以便接车站做好准备。

（5）列车经过车站时，与邻线线路上车辆之间的最小距离不得小于 350 mm。

（6）列车运行在复线、多线或并行的单线区间的直线地段时，两运行列车之间的最小距离，大于 350 mm 者不限速；在 300~350 mm 之间者运行速度不得超过 30 km/h；小于 300 mm 者禁止会车。曲线地段必须根据规定相应地加宽。

（7）挂有中上部半宽超过 1800 mm 的超限车的列车，区间禁会动车组、直达特快旅客列车、特快旅客列车和特快货物班列。

（8）超限列车在 CTCS-2 级区段的区间禁会动车组。

（9）超限列车在运行过程中，如超限货物的任何部位接近建筑物或设备时，应遵守下列规定。

① 超限货物的任何超限部位与建筑限界之间的距离（以下简称限界距离），在 100~150 mm 之间时，速度不得超过 15 km/h。

② 限界距离在超过 150~200 mm 之间时，速度不碍超过 25 km/h。

③ 限界距离不足 100 mm 时，由铁路局根据实际情况规定运行办法。

3. 军用列车

1）军用列车的定义

铁路上为输送部队和军用物资或为其他军事目的而专门开行的列车，称为军用列车。

军用列车包括军用人员列车和军用物资列车。由客车（或自备客车、代客车）编成的军用列车（空客车底除外），接发列车和运行间隔均按旅客列车的规定办理。

军用列车统一使用铁路总公司编定的车次（90001～91998）。除上级指定的车次外，具体开行车次由铁路局与驻局军代处确定。军用列车的等级，除上级特别指定者外，统一按铁路《调规》及《技规》相关规定办理。

2）军用列车的开行条件

开行军用列车，要根据军事要求和铁路运输条件，按照军用列车编组辆数（计长）、重量等规定来确定。凡符合下条件之一者，均可开行军用列车。

（1）客车或自备客车10辆。

（2）代客车20辆（客车或自备客车1辆按2辆折合计算）。

（3）人员、物资车混编20辆，其中特种部（分）队按15辆。

（4）物资车40辆。

（5）列车编组换算长度或重量符合通过区段的计长或牵引定数。

（6）遇有特殊情况，虽不足上述条件，管内的经铁路局和驻局军代处批准，跨局的经铁路总公司和总后军交部批准，也可开行军用列车。

3）用列车的长度和重量

（1）军用人员列车换算长度为50.0；军用物资列车换算长度，按铁路规定执行。

（2）军用列车的重量没有统一规定，按不超过通过区段的牵引定数执行。

（3）军用列车换算长度不足50.0的铁路区段时，按通过铁路区段的最小换算长度或牵引定数编组。

（4）军用列车换算长度超过50.0或超过铁路区段的最小换算长度时，铁路局管内的由驻局军代处与铁路局确定，跨局的由总后军交部与铁路总公司确定，以调度命承认。

4）接发军用列车的办法

（1）铁路调度部门应认真按日（班）计划组织按图行车，保证军用列车正点运行。如需调整军用列车的始发、终到和交出时刻，应事先征得军代表的同意，调整上级安排的运行时刻时须经上级部门批准。

（2）车站、列检、机车等有关人员要协调配合，做好军用列车在始发站、编组站的发车准备工作，保证正点发车。

（3）军用列车在中转站的到发，主要任务是：组织部队在车站上的各项活动，保障部队运输途中的饮食供应和必要的物资补给；检查列车的安全和装载状态；了解列车的运行情况，征求部队的意见和要求；组织技术作业，转达上级有关指示等。

（4）在列车达到前，应了解有关情况，如运输内容，列车编组顺序，运行时刻和注意事项，做好接车前的准备工作：

① 根据列车的性质，确定接车线路及停车位置。军用人员列车应接入有旅客站台的线路，便于乘降；挂有装载超限军用物资车辆的列车，应接入固定线路。

② 遇军用列车在车站分列、合并、甩挂车和补减轴时，应拟定好作业计划，并检查补轴是否符合规定。

③ 会同公安、军代表做好安全警卫工作。
④ 了解接运机车的准备和车站供给、补充备品情况。
⑤ 对有迎送任务和抢救伤病员的列车，应通知有关单位做好接车准备。

（5）接车时，助理值班员要监视列车运行及装备物资的装载加固状态，发现问题及时上报处理。

（6）列车进站停稳后，与列车梯队长或领导取得联系，由部队发出统一号令，组织人员有序下车；向列车梯队长介绍车站开车时间和前方主要站列车的到开时刻，安全注意事项和列车补减轴、调车作业安排等。

（7）发车前车站应协同军代表督促部队提前登车，清点人数。车站值班员应组织相关人员提前做好发车准备，保证列车安全、正点发车。

（六）列车退行

列车在区间因自然灾害、线路故障、坡停等原因导致不能继续运行而退回原发车站时称为列车退行。

1. 退行要求

在不得已情况下，列车必须退行时，车辆乘务员或随车机械师（无车辆乘务员或随车机械师时为指派的胜任人员）应站在列车尾部注视运行前方，发现危及行车或人身安全时，应立即使用紧急制动阀（紧急制动装置）或使用列车无线调度通信设备通知司机，使列车停车。

列车退行速度，不得超过 15 km/h。未得到后方站（线路所）车站值班员准许，不得退行到车站的最外方预告标或预告信号机（双线区间为邻线预告标或特设的预告标）的内方。

车站接到列车退行的报告后，除立即报告列车调度员外，根据线路占用情况，可开放进站信号机或按引导办法将列车接入站内。

2. 不准退行的情况

下列情况列车不准退行：

（1）按自动闭塞法运行时（列车调度员或后方站车站值班员确认该列车至后方站间无列车，并准许时除外）。

（2）在降雾、暴风雨雪及其他不良条件下，难以辨认信号时。

（3）一切电话中断后发出的列车（持有附件3通知书1的列车除外）。

挂有后部补机的列车，除上述情况外，是否准许退行，由铁路局规定。

3. 车站接到列车退行报告后应做的工作

1）车站值班员将列车退行情况向列车调度员报告并通知接车站

车站值班员接到列车退行的报告后，应立即向列车调度员报告并通知接车站。在准许列车退行前，车站值班员应了解列车停车地点和退行原因，按自动闭塞法行车时，还应通过《行车日志》确认该列车至后方站间无列车，无出站（跟踪）调车、线路施工等，方可同意列车退行。

2）派胜任人员携带简易紧急制动阀迅速赶往区间

当列车上无车辆乘务员或随车机械师，需派人到区间负责领车退行时，车站值班员指派胜任人员携带简易紧急制动阀和列车无线调度通信设备迅速赶往区间。

3）车站值班员确定接车线路接车

车站值班员根据线路占用情况确定接车线路，设有进站信号机时，开放进站信号机接车；不能开放进站信号机（含引导信号）时，指派引导员接车。

（七）列车在区间分部运行

列车在区间分部运行是一种迫不得已的行车方法。列车发生分部运行的原因主要有：列车在区间发生断钩、制动主管破裂、机车牵引力不足或列车脱轨等。采用分部运行是为了缩短故障列车占用区间而中断行车的时间，尽快恢复列车运行秩序。

1. 车站接到列车需要分部运行的报告后应做的工作

《技规》规定，在不得已情况下，列车必须分部运行时，司机应使用列车无线调度通信设备报告前方站和列车调度员。

1）车站值班员指示司机牵引前部车列运行进站

车站值班员接到报告后，首先应查询原因，核准停车位置，并指示司机牵引前部车列运行进站。遗留车辆位置（××千米××米处）必须准确，故障必须清楚，以便确定救援方案，保证救援列车开来方向、救援地点无误，救援备品、机具适用，决策正确。

2）车站值班员立即将分部运行情况报告给列车调度员

车站值班员立即将司机的报告内容报告给列车调度员，通知站长到岗，如需由原单机返回挂取遗留车辆时，还应通知调车组到行车室待命。

3）商定实施救援方案

列车因断钩而被迫分部运行时，应确认断钩位置。如为后钩（车辆运行方向的后部车钩）断，可利用原列车机车先将前部车列牵引至前方站，然后报告列车调度员发布命令封锁区间，利用本务机车开行救援列车，以调度命令为凭证返回封锁区间，拉回遗留车列。如为前钩（车辆运行方向的前部车钩）断，先用本务机车将前部车列牵引至前方站后，报告列车调度员发布调度命令封锁区间，再由后方站派出机车开行救援列车进入封锁区间，将后部车列拉回后方站或推送到前方站。

2. 做好遗留车辆的防溜和防护工作

列车在区间分部运行前，车辆乘务员（随车机械师）必须对遗留车辆做好防溜。电气化区段，对敞、棚车应先使用铁鞋或防溜紧固器，只有在通知供电调度停电后，方可使用人力制动机防溜。

机车司机应在司机手册内记明遗留车辆数，再度确认遗留车列停车位置，安排人员留在区间对遗留车辆进行看护并按救援列车进入区间挂取遗留车辆的运行方向，距离车辆前方不少于 300 m 处设置响墩进行防护。

3. 分部运行办法

1）本务机车牵引前部车辆进站

在自动闭塞区间本务机牵引前部车辆按通过信号机显示运行，进站时按进站信号机显示的进行信号直接进站。

在半自动闭塞区间或按电话闭塞法行车时，如遇列车无线调度通信设备故障，事先未告知车站值班员分部运行时，必须在进站信号机外停车，以防车站值班员误认为列车整列到达，盲目开通区间，向不空闲区间发出列车。如事先通过列车无线调度通信设备告知车站值班员分部运行时，可凭进站信号机显示的进行信号直接进站。

2）调度员发布命令封锁区间

本务机牵引前半部车列到站后，车站值班员应与司机再次核对区间遗留车辆停车位置和车数。车站值班员向列车调度员报告本务机车牵引前半部车辆到站，请求列车调度员发布命令封锁区间、开行救援列车。列车调度员在核对区间遗留车辆的停车位置和车数无误后，向区间两端站值班员发布调度命令封锁区间，根据断钩位置和分部运行原因确定开行救援列车。

3）救援列车（单机）进入封锁区间拉回遗留车辆

救援列车（单机）进入封锁区间挂取遗留车辆时，不办理闭塞手续，开行救援列车车次，以列车调度员的命令作为进入封锁区间的凭证。接近遗留车辆 2 km 时，严格控制速度，以最高不超过 20 km/h 的速度运行，在防护人员处停车。按调车指挥人手信号进行作业。确认全部连挂妥当后，方准松开人力制动机，撤除防溜措施。

4）确认区间空闲报请调度员发布开通区间调度命令

车站值班员根据助理值班员接车时确认和司机汇报，确认区间遗留车辆全部拉回后，报告列车调度员。列车调度员再度确认区间空闲后发布命令开通区间。

4. 禁止分部运行的列车

列车分部运行存在着许多不安全因素。特别是货物列车取消运转车长、直达特快旅客列车实行单司机值乘后，对遗留车辆的看守、防护、防溜更加困难。因此，对列车分部运行必须严加限制。遇下列情况，列车禁止分部运行：

（1）采取措施可整列运行时。
（2）对遗留车辆未采取防护、防溜措施时。
（3）遗留车辆无人看守时。
（4）司机与车站值班员及列车调度员均联系不上时。
（5）遗留车辆停留在超过 6‰ 坡度的线路上时。

二、相关实践技能

（一）无反方向闭塞设备或反方向设备故障时反方向发出列车

反方向发车作业程序及用语，如表 3-34 所示。

表 3-34 反方向发车作业程序及用语

程序	项目	车站值班员	信号员	助理值班员	扳道员（长）	备注
一、办理闭塞	1.确认区间空闲	（1）根据《行车日志》及各种行车表示牌，确认区间空闲				首列使用电话闭塞法时，核对由基本闭塞法改用电话闭塞法的调度命令
		（2）按列车运行计划，核对车次、时刻、命令、指示（接车时已核对的除外）				
	2.办理闭塞手续	（3）请求闭塞："反方向×（次）闭塞"				
		（4）复诵接车站发出的电话记录				
		（5）填写《行车日志》				使用计算机报点系统时，填记"电子《行车日志》"
		（6）通知信号员、助理值班员："反方向×（次）闭塞好（了）"	（1）复诵："反方向×（次）闭塞好（了）"。揭挂"区间占用"表示牌	（1）复诵："反方向×（次）闭塞好（了）"		
二、准备进路	3.准备进路	（7）通知信号员："停止影响进路的调车作业"，并听取报告	（2）复诵："停止影响进路的调车作业"。确认停止后，报告："影响进路的调车作业已停止"			停止调车作业时机，按《站细》规定。无影响进路的调车作业时，此项作业省略
		（8）通知信号员："×（次）×道反方向发车，准备进路"。听取复诵无误后命令"执行"	（3）复诵："×（次）×道反方向发车，准备进路"			

续表

程序	项目	车站值班员	信号员	助理值班员	扳道员（长）	备注
二、准备进路	3. 准备进路	（9）确认发车进路正确，应答："×道反方向发车进路好（了）"	（4）正排调车进路或将道岔单操至所需位置，接通光带确认正确（计算机联锁确认道岔开通位置正确）后单锁，口呼："×道反方向发车进路好（了）"			
三、准备发车	4. 办理凭证		（5）通过控制台监视信号及进路表示			
		（10）核对车次、区间、电话记录号码，填写路票，加盖"反方向行车"章				
		（11）与助理值班员核对调度命令、路票		（2）与车站值班员核对调度命令、路票		
		（12）核对正确无误，加盖站名印				
		（13）将调度命令、路票交助理值班员，指示："×（次）、×道反方向发车"		（3）复诵："×（次）、×道反方向发车"		
	5. 交付凭证			（4）与司机核对路票，确认正确后交付司机，并将调度命令交付司机		
四、发车	6. 确认发车条件			（5）确认旅客上下、行包装卸和列检作业完了		其他发车条件的确认，按《站细》规定。动车组发车时，无此项作业

153

续表

程序	项目	车站值班员	信号员	助理值班员	扳道员（长）	备注
四、发车	7.发车			（6）按规定站在适当地点显示发车信号（使用列车无线调度通信设备发车时除外）		使用列车无线调度通信设备发车时，必须得到助理值班员发车条件具备的汇报。动车组发车时，无此项作业
五、列车出发	8.监视列车	（14）列车起动，通知接车站"×（次）、（×点）×（分）开"，并听取复诵				
		（15）填写《行车日志》				使用计算机报点系统时，填记"电子《行车日志》"
			（6）通过控制台监视进路、列车出站	（7）监视列车，于列车尾部越过发车地点，确认列车尾部标志后返回		
		（16）应答："好（了）"	（7）通过控制台确认列车整列出站，口呼"×（次）出站"			
	9.解锁进路	（17）通知信号员："解锁进路"	（8）复诵："解锁进路"			
		（18）确认解锁正确后，应答："好（了）"	（9）按规定解锁进路后，向车站值班员报告："进路解锁好（了）"			
			（10）擦（划）掉占线板（簿）			
	10.报点	（19）向列车调度员报点："×（站）报点，×（次）、（×点）×（分）开"				使用计算机报点系统时，通过系统报点

续表

程序	项目	车站值班员	信号员	助理值班员	扳道员（长）	备注
五、列车出发	11.接受到达通知	（20）复诵接车站列车到达电话记录				使用计算机报点系统时，填记"电子《行车日志》"
		（21）填写《行车日志》				
			（11）摘下"区间占用"表示牌。揭挂"区间空闲"表示牌			

（二）无反方向闭塞设备或反方向设备故障时反方向接入列车

反方向接车作业程序及用语，如表 3-35 所示。

表 3-35　反方向接车作业程序及用语

程序	项目	车站值班员	信号员	助理值班员	引导员	备注
一、承认闭塞	1.确认区间空闲	（1）听取发车站请求闭塞				首列使用电话闭塞法时，核对由基本闭塞法改用电话闭塞法的调度命令
		（2）根据《行车日志》及各种表示牌，确认区间空闲				
		（3）按列车运行计划核对车次、时刻、命令、指示				
		（4）确定接车线				
		（5）发出电话记录"×号,(×点)×(分)同意反方向×(次)闭塞"				列车闭塞后，按《站细》规定通知有关人员

续表

程序	项目	车站值班员	信号员	助理值班员	引导员	备注
一、承认闭塞	2.办理闭塞手续	（6）填写《行车日志》				使用计算机报点系统时,填记"电子《行车日志》"
		（7）口呼："反方向×（次）闭塞好（了）"	（1）应答："反方向×（次）闭塞好（了）"。揭挂"区间占用"表示牌			
		（8）通知信号员、助理值班员、引导员："反方向×（次）闭塞，×道停车"，并听取复诵	（2）复诵："反方向×（次）闭塞，×道停车"，并填写占线板（簿）	（1）复诵："反方向×（次）闭塞，×道停车"，并填写占线板（簿）	（1）复诵："反方向×（次）闭塞，×道停车"	
二、准备进路	3.检查接车线	（9）通知信号员确认接车线空闲："确认×道空闲"。并听取报告	（3）复诵："确认×道空闲"，确认接车线路空闲后，报告："×道空闲"			
		（10）复诵发车站开车通知："×（次）、（×点）×（分）开（通过）"				
		（11）通知信号员、助理值班员、引导员："×（次）开过来（了）"	（4）复诵："×（次）开过来（了）"	（2）复诵："×（次）开过来（了）"	（2）复诵："×（次）开过来（了）"	
		（12）填写《行车日志》				使用计算机报点系统时,填记"电子《行车日志》"
		（13）按《站细》规定通知有关人员				
	4.准备进路	（14）通知信号员："停止影响进路的调车作业"，并听取报告	（5）复诵："停止影响进路的调车作业"。确认停止后，报告："影响进路的调车作业已停止"			停止调车作业时机，按《站细》规定。无影响进路的调车作业时，此项作业省略

续表

程序	项目	车站值班员	信号员	助理值班员	引导员	备注
二、准备进路	4.准备进路	（15）通知信号员："反方向×（次）、×道停车，准备进路"。听取复诵无误命令"执行"	（6）复诵："反方向×（次）、×道停车，准备进路"			
		（16）确认进路正确，应答："反方向×道接车进路好（了）"	（7）正排调车进路或将道岔单操至所需位置，接通光带确认正确（计算机联锁确认道岔开通位置正确）后单锁，口呼："反方向×道接车进路好（了）"			
三、引导接车	5.引导接车	（17）向司机转达引导接车的调度命令				
		（18）通知引导员："反方向×（次）、（×点）×（分）开过来（了），引导接车"。听取复诵无误后，命令"执行"			（3）复诵："反方向×（次）、（×点）×（分）开过来（了），引导接车"	
			（8）通过控制台监视进路表示		（4）到规定地点，显示引导手信号	
	6.列车接近	（19）应答："×（次）接近"	（9）列车接近时，报告："×（次）接近"			
		（20）通知助理值班员："×（次）接近，×道接车"，并听取复诵		（3）复诵："×（次）接近，×道接车"		
	7.接车			（4）到《站细》规定地点接车		

157

续表

程序	项目	车站值班员	信号员	助理值班员	引导员	备注
三、引导接车	7.接车			（5）监视列车进站，于列车停妥后返回	（5）待列车头部越过引导地点后，收回引导手信号	
四、列车到达	8.列车到达		（10）通过控制台监视进路、信号及列车进站			
		（21）应答："好（了）"	（11）通过控制台确认列车整列进入接车线，口呼："×（次）到达"			
		（22）向发车站发出电话记录："×号，×（次）、（×点）×（分）到"，并听取复诵	（12）填写占线板（簿）	（6）填写占线板（簿）		
		（23）填写《行车日志》				使用计算机报点系统时，填记"电子《行车日志》"
		（24）通知信号员："解锁进路"	（13）复诵："解锁进路"			
		（25）确认解锁正确后，应答："好（了）"	（14）按规定解锁进路后，向车站值班员报告："进路解锁好（了）"			
			（15）摘下"区间占用"表示牌。揭挂"区间空闲"表示牌			
	9.报点	（26）向列车调度员报点："×（站）报点，×（次）、（×点）×（分）到"				使用计算机报点系统时，通过系统报点

【实训练习】

1. 双线单向自动闭塞（设信号员）正线封锁施工改反方向行车。

（1）已知条件。

① 阶段计划：41102 次 11：00 分到，11：15 分开。

② 相邻区间上下行客（货）列车运行时分为 8（10）min。

③ 调度命令（已发）11：05 至 12：05 上行方向区间正线封锁施工。

（2）演练要求。

执行接发列车作业标准，办理 41102 次列车接发作业。

2. 双线自动闭塞改单线行车。

（1）已知条件。

① 阶段计划，41001 次 11：00 分到，11：55 分开。

② 相邻区间上下追踪列车间隔时间 I=8 min。

③ 施工命令（已发），11：05 至 12：05 下行方向区间正线封锁施工，改按单线行车。

（2）演练要求。

执行接发列车作业标准，办理 41101 次列车接发作业。

任务三 施工（维修）接发列车作业

一、相关知识

（一）施工（维修）处理程序

施工通常是设备部门对行车设备进行的维修、养护等。运输部门通常起着协调、配合的作用。

施工处理程序如图 3-4 所示。

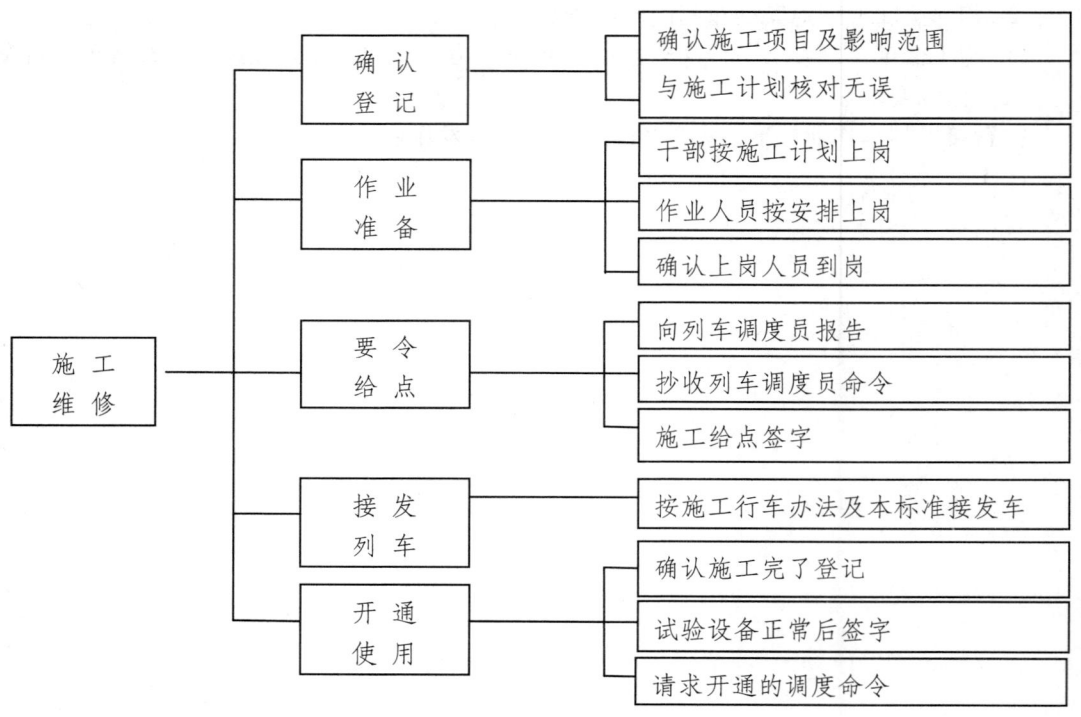

图 3-4 施工（维修）处理程序图

1. 确认登记

车站值班员应根据施工计划，逐项核对施工单位的施工申请登记，对施工项目、影响范围、施工所需时间等车站值班员逐项审核后，在确认各项登记内容无误后方可签认，再向列车调度员汇报。

2. 作业准备

施工中注意的事项：

（1）车站值班员要掌握施工进度，严把施工时间关。

（2）组织作业人员落实施工安全措施，接受局、站（段）施工负责人员的监督检查。
（3）把好进路、信号、凭证"三关"，确保行车、人身安全。
（4）实际施工与登记施工的内容要求不符时，有权责令其停止施工。
（5）遇施工提前或延时时，应及时向列车调度员汇报。

3. 要令给点

车站值班员核实施工登记无误后，向列车调度员请求调度命令。在列车调度员下达调度命令后签认，并将调度命令登记在"调度命令登记簿"后，通知施工负责人。

4. 接发列车

行车部门要加强施工期间行车组织和调度指挥，非正常情况下接发列车，站长（或主管副站长）须到岗监督作业，严格执行作业标准，落实施工安全卡控措施。控制好发布行车命令、确认区间空闲、进路检查确认、行车凭证填写交付、引导信号使用等关键环节。施工开通必须严格执行施工单位、设备管理单位登记开通、车站签认和列车调度员发有开通命令的程序。

影响行车的施工、检修作业，应安排在"天窗"内进行。遇有施工又必须接发列车的特殊情况时，可按以下施工特定行车办法办理：

（1）车站采用固定进路的办法接发列车。施工开始前，车站须将正线进路开通，并对进路上所有道岔按规定加锁（集中联锁良好的道岔可在控制台上进行单独锁闭）。有关道岔密贴的确认及具体的加锁办法，由铁路局规定。

（2）引导接车并正线通过时，准许列车司机凭特定引导手信号的显示，以不超过 60 km/h 的速度进站。

（3）准许车站不向司机递交书面行车凭证和调度命令。但车站仍按规定办理行车手续，并使用列车无线调度通信设备（其语音记录装置须作用良好）将行车凭证号码（路票为电话记录号码、绿色许可证为编号）和调度命令号码通知司机，得到司机复诵正确后，方可显示通过手信号。列车凭通过手信号通过车站。

5. 开通使用

施工单位要在调度命令规定的时间内开通，施工结束后，车站值班员确认施工单位全部销点后方可签认，报告列车调度员。列车调度员再次查实施工单位全部销点、符合开通条件后，发布开通命令。如因特殊情况不能按时开通或不能按规定速度运行时，应提前通知车站值班员，请求列车调度员延长时间或限速运行。有作业车时，列车调度员要及时安排作业车返回基地。施工完毕、开通前应注意的事项：

（1）施工完毕，以施工负责人的登记为依据，开通时间以调度命令为准。列车调度员下达调度命令后签认，并将调度命令抄交施工的相关部门后，方可开通。

（2）施工开通前，设备的试验在"天窗"时间内完成，不准在列车间隔时间内进行试验。

（3）对大型的施工，开通后车站值班员要重点盯防设备的变化，并落实好开通调度命令的有关事宜。站（段）的施工人员要在现场盯防，防止问题发生。

（4）对限速运行的地段，车站值班员要将限制速度的日期、速度及趟数等事项列入交接班的重点内容，车站站长要认真监督、检查、落实。

（二）铁路营业线施工项目

铁路营业线施工是指影响营业线设备稳定、使用和行车安全的各种施工作业，按组织方式、影响程度分为施工和维修两类。铁路营业线施工必须把确保安全放在首位，坚持"安全第一、预防为主、综合治理"的方针，建设、设计、施工、监理、行车组织、设备管理等单位和部门必须严格执行铁路营业线施工安全管理办法和施工管理有关规定。

1. 施工项目

（1）线路及站场设备技术改造，增建双线、新线引入、电气化改造等施工。

（2）跨越、穿越线路、站场的桥梁、涵洞、管道、渡槽和电力线路、通信线路、油气管线以及铺设道口、平过道等设备设施的施工。

（3）在铁路安全保护区内架设、铺设管道、渡槽和电力线路、通信线路、杆塔、油气管线等设施的施工。

（4）在规定的安全区域内实施爆破作业，在线路隐蔽工程（含通信、信号、电力电缆径路）上作业，影响路基稳定的各种施工。

（5）在信号、联锁、闭塞、CTC/TDCS、列控等行车设备上的大中修、改造施工。

（6）影响营业线正常运营的铁路重要信息系统运行环境改造、软硬件平台更新、应用软件变更等的施工。

（7）设置在线路上的安全检测、监控设备的新建、技术改造、大中修及 TPDS 设备标定施工。

（8）承载行车通信业务的通信网络调整施工和中断行车通信业务的通信设备施工。本办法中行车通信业务是指列车调度语音通信、无线调度命令信息、无线车次号校核信息以及列控数据等与列车运行相关的信息传送业务和承载列车控制、CTC/TDCS、信号闭塞、5T、牵引供电远动、防灾监控等系统的网络通道。

（9）线路大中修，路基、桥隧涵大修及大型养路机械施工。

（10）成段破底清筛、更换钢轨或轨枕，成组更换道岔（含钢轨伸缩调节器），更换轨枕板施工。

（11）无缝线路应力放散。

（12）牵引供电变配电设备、电力、接触网技术改造及大修施工。

（13）车站站台、雨棚、天桥等建筑物及客运上水和吸污设备、站场供水设施技术改造及大中修施工。

（14）高速铁路线路、路基、桥隧涵病害整治、冻害整治，更换轨枕（板）及道岔主要部件等施工。

（15）高速铁路整锚段更换接触线、承力索，更换接触网支柱，隧道内接触网预埋件整治等施工。

（16）其他影响营业线设备稳定、使用和行车安全的施工。

2. 维修项目

维修项目是指作业开始前不需限速，结束后须达到正常放行列车条件，并且在维修天窗时间内能完成的项目。

1）工务维修天窗作业项目

（1）Ⅰ级维修项目。

① 更换道岔尖轨、辙叉、基本轨；更换道岔扳道器下长岔枕、可动心轨道岔钢枕及两侧相邻岔枕或辙叉短心轨转向轴处轨枕。

② 开行路用列车运送作业人员、装卸机具、材料。

③ 利用小型爆破开挖侧沟或基坑（限于不影响路基稳定的范围）。

（2）Ⅱ级维修项目。

① 利用小型养路机械整治线路病害，对轨道（道岔）伤损零部件进行更换或修理。

② 胶结、焊接钢轨。

③ 一次起道量、拨道量不超过 40 mm 的起道、拨道作业。

④ 螺栓扣件涂油。

⑤ 桥梁施工进行试顶需要起动梁身并回落原位。拨正支座，支座垫砂浆厚度在 50 mm 及以下时。

⑥ 移动桥枕进行钢梁上盖板涂装。

⑦ 隧道拱顶漏水整治、衬砌裂损加固。

⑧ 防灾安全监控系统的维修与更换

⑨ 整修道口铺面。

⑩ 不破底处理道床翻浆冒泥，清筛道床。

⑪ 可能影响行车安全的清理危石、砍伐危树及隧道内刨冰作业。

⑫ 在天窗内可以完成的其他作业项目。

2）电务维修天窗作业项目

（1）信号Ⅰ级维修项目

① 年度信号联锁关系检查试验。

② 室内、外单套设备更换。

（2）信号Ⅱ级维修项目。

① 道岔转辙设备、轨道电路、信号机、光电缆、贯通地线、各种箱盒等室外信号设备检修。

② 信号机械室、箱式机房内设备检修。

③ 影响道口及车站设备正常运用的设备检修。

④ 影响驼峰信号设备使用的检修作业。

⑤ 室内、外设备整治及零小器材更换。

⑥ CTC/TDCS 设备、CTCS-2 级列控地面设备检修。

⑦ 在天窗内可以完成的其他作业项目。

3）供电维修天窗作业项目

（1）Ⅰ级维修项目。

① 更换或拆除支柱、软横跨、硬横梁及隧道吊柱。
② 更换两跨以上接触线、承力索及附加导线。
③ 两辆以上接触网作业车进行的接触网维修作业。
④ 两个以上接触网工区进行的联合作业。
（2）Ⅱ级维修项目。
① 更换接触网零部件。
② 接触网设备全面检查监测作业。
③ 更换接触网腕臂支撑、补偿装置、器件式分相绝缘器、分段绝缘器、线岔、隔离开关等。
④ 接触网悬挂、分相、分段、线岔等检查调整。
⑤ 接触网吸上、回流线，上部地线、附加悬挂检查维护
⑥ 接触网绝缘部件清扫维护。
⑦ 在天窗内可以完成的其他作业项目。

（三）施工和慢行规定

凡影响行车的施工（特别规定的慢行施工除外）、维修作业，都必须纳入天窗，不得利用列车间隔进行。

1. 天窗的概念

天窗是指列车运行图中不铺画列车运行线或调整、抽减列车运行线为施工和维修作业预留的时间，按用途分为施工天窗和维修天窗。

2. 天窗时间的规定

（1）高速铁路天窗原则上不应少于 240 min。
（2）普速铁路施工天窗：技改工程、线桥大中修及大型养路机械作业、接触网大修及改造时，不应少于 180 min。
（3）普速铁路维修天窗：双线不应少于 120 min，单线不应少于 90 min。

维修天窗在时间安排上应与施工天窗重叠套用，除春运、节假日及铁道部调度命令停止外，原则上每月每区间不应少于 20 次（双线为单方向）。维修单位确不需要时，经主管业务处室处长或副处长批准，可不申请或减少天窗次数、时间，不计入天修考核。不影响正线及区段通过能力的到发线维修天窗时段，由铁路局具体规定。

（4）各条线路天窗时间和位置在编制列车运行图时确定。铁路局因施工、维修需要临时调整高速铁路、繁忙干线和影响跨局运输的干线天窗时，必须报铁路总公司运输局批准。

（5）普速铁路双线车站同时影响上下行正线的渡线道岔或影响全站信号设备正常使用的电务为主、工务综合利用的设备检修，每月应保证 2 次垂直天窗，每次不少于 30 min。编组、区段站，可按接发列车方向划分联锁区，按联锁区每月应保证 1 次不少于 30 min 天窗。

（6）编组、区段站每个供电臂每月应保证 1 次不少于 30 min 封锁停电时间。电气化双线区段每月应适当安排垂直检修天窗。

（7）不影响跨局运输的干线和其他线路，根据施工和维修需要，铁路局可适当增加天窗

时间和次数或对天窗时段进行调整。

3）慢行处所规定

各项施工、维修作业要采用平行作业的方式，综合利用天窗，提高天窗的利用率。要严格按照运行图预留的慢行附加时分控制线路慢行处所，繁忙干线和干线原则上单线 1 个区段慢行处所不超过 2 处，双线 1 个区段每个方向慢行处所不超过 2 处，同一区间内慢行处所不超过 1 处（包括施工慢行处所）。各项施工要按规定控制慢行速度和慢行距离。

（四）施工计划变更及临时施工

各种施工（维修天窗作业计划除外）均应纳入施工计划，未纳入月度施工计划的施工项目原则上不准进行施工。特殊情况必须施工时，由施工单位提出施工申请，并签订安全协议，制定安全措施，通过主管业务处室审查（建设项目施工计划应先报项目管理机构预审），经分管运输副局长（总调度长）批准，由运输处安排施工。

1. 计划变更

（1）月度施工计划原则上不准变更。特殊情况必须进行调整时，由施工单位提前 5 天向铁路局主管业务处室和运输处提出书面申请，由运输处调整施工计划。

（2）纳入月度施工计划的施工项目原则上不准停止施工，因专特运及调整车流等原因需停止施工时，须经分管运输副局长（总调度长）批准并于前日 14：00 前以调度命令通知有关单位。

2. 临时施工

对突发性设备故障和灾害的紧急抢修及轨道状态超过临时补修标准和重伤设备处理等需临时封锁要点的施工，按下列程序办理：

（1）需临时封锁要点时，由设备管理单位向铁路局主管业务处室提出申请，主管业务处室审查，经分管运输副局长（总调度长）批准后，由调度所安排施工。

（2）危及行车安全需立即抢修时，设备管理单位按规定采取措施，在《行车设备检查登记簿》内登记，高速铁路经调度所值班主任（副主任）批准，普速铁路通过车站值班员报告铁路局列车调度员经调度所值班主任批准，发布调度命令进行抢修，设备管理单位同时通知配合单位和铁路局主管业务处室。

（五）营业线施工登销记与签认

施工时，施工单位在车站行车室设驻站联络员，施工地点设现场防护员，驻站联络员与现场防护员要保持随时通信状态，掌握施工现场和列车运行情况，做好邻线通过列车的安全防护，发现异常及时通知车站值班员和施工负责人。

普速铁路进行施工和维修作业时，施工负责人应确认已做好一切施工准备，于开始前 40 min，由施工负责人（驻站联络员）在车站"运统-46"内登记，按规定向车站或通过车站值班员向列车调度员申请施工。

封锁施工时，车站值班员根据封锁或开通命令，在信号控制台或规定位置上揭挂或摘下"封锁区间"表示牌。列车调度员应保证施工时间，并向施工区间两端站、有关单位及施工负责人及时发出实际施工调度命令。施工负责人接到调度命令号码,确认施工起止时刻,设好停车防护后,方可开工,并保证在规定时间内完成。

施工单位作业完成后,经施工、设备管理单位检查达到放行列车条件,由施工负责人(驻站、驻调度所联络员)、设备单位检查人(或设备单位指定人员)办理开通登记(施工销记)后,车站值班员签认后,通过车站值班员向列车调度员申请开通区间。

车站值班干部(中间站站长)要提前30 min到岗位进行安全监控并协调组织各单位天窗作业。

(六)封锁区间

向封锁区间开行路用列车和救援列车也是非正常情况接发列车的一种。其特点主要表现在:一是列车进入的区间是封锁区间;二是只限于路用列车和救援列车进入;三是列车进入封锁区间时不办理闭塞手续,行车凭证为调度命令(遇调度电话不通时,凭车站值班员命令);四是列车进入封锁区间的目的是为完成某项特定的任务。

1. 封锁区间的概念

封锁区间是指区间施工或发生自燃灾害、行车事故等原因,只准救援或路用列车根据列车调度员的命令进入的区间。

2. 封锁区间的分类

(1)封锁区间施工。

主要对区间内的线路、桥梁、隧道、信号、接触网等设备有计划的施工维修或安装新设备。这类封锁区间要求纳入施工方案,各部门要提前做好准备,事先在列车运行图中预留施工"天窗"。

(2)封锁区间救援。

当区间内的行车设备故障、损坏或发生行车、人身伤亡等事故,迫使行车中断,列车调度员发布调度命令封锁区间并开行救援列车(单机)的区间。这种封锁区间是突发性的、事前无准备的、被动的封锁区间。

3. 向封锁区间开行路用列车和救援列车存在的不安全因素

向封锁区间开行路用列车和救援列车,一是误用基本闭塞设备开放出站信号,错误地使用行车凭证发车;二是误将其他列车放入封锁区间。因此,车站值班员、信号员遇区间封锁时,必须在控制台上及时加挂"封锁区间"表示牌,以防误办。

(七)向施工封锁区间开行路用列车

1. 路用列车的概念及种类

路用列车不以营业为目的,专用于运送铁路内部路料、施工机械或非运用车专列等特别开行的列车。

进入封锁区间的路用列车按用途主要有以下几种:

(1)为运送施工作业人员及其携带的工具、少量路用器材而开行的列车。

（2）为施工维修或抢险救灾而开行的按列车办理的大型养路机械、发电车、轨道车及轻型车辆等。

（3）为运送或回收路料、器材，如道砟、钢轨、枕木、电缆、接触网支柱等而开行的列车。

（4）以非运用车编成的专列，如回送入厂的列车、试验列车、除雪车、救援列车等。

2．向封锁区间开行路用列车的原则

（1）封锁区间的两端站必须在接到列车调度员关于封锁区间的调度命令后，立即在控制台上加挂"封锁区间"表示牌，或在闭塞按钮上安放安全帽、卡，或在闭塞电话上揭挂行车表示牌，以防误办闭塞。

（2）向封锁区间发出路用列车时，不办理闭塞手续，不得开放出站信号，以列车调度员的命令作为进入封锁区间的许可。该命令中应包括路用列车车次、停车地点、到达车站的时刻等有关事项，需要限速运行时在命令中一一注明，如表3-36所示。

表3-36 向封锁区间开行路用列车的调度命令

<u>2009</u>年<u>3</u>月<u>16</u>日<u>9</u>时<u>15</u>分　　　　　　　　　　　　　　　第<u>1409</u>号

受令处所	渭南站、树园站、渭南站抄57001/57002次司机、施工负责人	调度员姓名	张权安
内容	因<u>渭南</u>站至<u>树园</u>站间<u>上</u>行线施工，自<u>15</u>时<u>30</u>分（____次列车到____站）起区间封锁，限<u>17</u>时<u>10</u>分施工完毕。 准许供电部门在<u>1 012</u> km <u>500</u> m 至<u>1 013</u> km <u>200</u> m 处施工。 准许<u>渭南</u>站开行<u>57002</u>次，进入封锁区间<u>1 013</u> km <u>500</u> m 处防护点处停车，按施工负责人的指示进行作业，（返回开<u>57001</u>次列车）限<u>17</u>时<u>05</u>分钱到达<u>渭南</u>站，往返限速 30 km/h。		

（规格110 mm×160 mm）　　　　受令车站　　<u>渭南站</u>　　车站值班员　<u>卫 华</u>

（3）向封锁区间开行路用列车时，原则上每端只准进入一列，如超过时，其安全措施及运行办法由铁路局规定。

（4）路用列车应由施工单位指派胜任人员，携带列车无线调度通信设备值乘，并在区间协助司机作业。

（5）施工完毕，施工负责人、车站值班员应确认进入封锁区间的路用列车已全部返回车站。车站值班员根据施工负责人在"运统-46"上签认"施工完毕、区间空闲、线路恢复正常使用"的报告，报请列车调度员发布开通区间的调度命令。如有限速要求时，应同时报告列车调度员发布限速命令。

当调度电话中断时，遇有急需封锁区间抢修线路、桥涵或隧道等处的紧迫施工，路用列车进入封锁区间的行车凭证为车站值班员的命令。

向非封锁区间开行路用列车时，列车仍以该区间规定的基本闭塞法或电话闭塞法办理的行车凭证进入区间，而不能模糊地错误认为开行路用列车就以"调度命令"为凭证将列车往区间放行。

3．向施工封锁区间发出路用列车

（1）车站值班员根据施工负责人的请求向列车调度员报告。请求并接收封锁区间及向施工封锁区间开行路用列车的调度命令，车站值班干部按施工规定认真监控作业。

（2）车站值班员接到封锁区间的调度命令后，揭挂"区间封锁"安全牌。

（3）开放调车信号锁闭进路（调车进路不能完全锁闭整个进路时，其他未锁闭道岔单独锁闭）或单操道岔（含防护道岔）准备进路，并单独锁闭。按下接通光带按钮，确认进路正确。

（4）助理值班员与车站值班员认真核对调度命令，核对正确，通过控制台再次确认发车进路正确后（由于设备的关系助理值班员不能通过控制台确认发车进路时可不确认），与司机核对调度命令，无误后交给司机，确认发车条件具备后发车。

（5）路用列车进入封锁区间时，要立即通知邻站，说明进入"线别"，加挂"区间占用"安全牌。

4. 由施工封锁区间返回路用列车的接车

（1）车站值班员接到施工现场负责人开车通知后，核对施工封锁区间开行路用列车的调度命令。

（2）车站值班员根据调度命令要求，确定接车线，并确认接车线路空闲，开放进站信号机办理接车。

如遇进站信号机不能开放，开放调车信号准备进路（调车进路不能完全锁闭整个进路时，其他未锁闭道岔单独锁闭）后取消调车信号或单操道岔（含防护道岔）准备进路。按下接通光带按钮确认进路正确后，开放引导信号接车（请求并接收引导信号接车的调度命令）。

未设进站信号机时，开放调车信号锁闭进路（调车进路不能完全锁闭整个进路时，其他未锁闭道岔单独锁闭）或单操道岔（含防护道岔）准备进路，并单独锁闭。按下接通光带按钮确认进路正确后，指示引导员到《站细》规定地点显示引导手信号接车（请求并接收引导手信号接车的调度命令）。

（3）车站值班员须将引导接车的调度命令向司机转达。

（4）路用列车全部到达（返回）后，应及时通知邻站并报告列车调度员，摘下"区间占用"安全牌。

（5）两端站车站值班员确认区间空闲，根据施工负责人的请求，向列车调度员报告，接收开通区间的调度命令，与邻站核对调度命令后，开通区间，并摘下"区间封锁"安全牌。

（八）向封锁区间开行救援列车

救援列车是一级救援组织，设主任、副主任、专业技术人员、起重机司机和起重工等，由主任负责救援列车全面工作，在事故救援中由救援列车主任单一指挥。

救援列车由材料车、工具车、发电车、炊事车、宿营车等组成，一般配备 160 t、100 t 内燃轨道起重机，所辖半径为 200 km。救援列车配备的轨道起重机应编挂在救援列车的一端，不得编挂在中部，便于单独开行时迅速出动。救援列车分特等救援列车（担当路网性编组站救援任务）和一等救援列车，停放在部、局制定的车站站线或机务段段管线上。

为及时抢救灾害，排除线路故障，迅速恢复正常运输秩序而开行的担当救援任务的单机、轨道车等，都属于救援列车。

救援列车接到救援命令后，应做到出动及时、方案准确、救援迅速、最大限度地减少事故损失。

1. 救援列车的开行准备

（1）车站值班员接到司机或工务、电务、供电等人员的救援请求后，应立即报告列车调度员，不得延误，立即通知站长和站区有关部门。

（2）机务段接到救援列车出动的调度命令后，应立即指派担当救援列车的本务机车。救援列车的本务机车应连续鸣示一长三短声警报信号。

（3）救援列车值班人员接到救援命令后应立即召集救援列车专业人员迅速做好准备。根据调度命令需要同时出动的救援班，应迅速赶往救援列车所在地，保证救援列车在 30 min 内出动。

（4）救援列车所在站值班员必须做好发车准备。

（5）列车调度员应及时发布调度命令封锁区间，及时调整列车运行，提前扣押开往事故区间方向去的列车，以防事故区间两端站发生堵塞。

（6）事故区间两端站值班员必须保证有不间断接发救援列车的空闲线路。

（7）在事故调查委员会人员到达前，事故现场附近车站站长或车站值班员携带行车备品碎成开往事故区间的第一列救援列车进入区间，了解事故情况、积极组织抢救，担当行车指挥。成立线路所时，担当线路所值班员工作。

2. 救援列车的开行原则

（1）救援列车进入事故封锁区间前所途径的区间，仍按原行车闭塞法行车。各站值班员应优先方向救援列车，不准拖延，全力保证救援列车以最快的速度赶赴事故现场。

（2）向封锁区间发出救援列车（含救援单机）时，不办理行车闭塞手续，以列车调度员的命令，作为进入封锁区间的凭证，如表 3-37、3-38 所示。

表 3-37　向封锁区间开行救援列车的调度命令

2009 年 10 月 16 日 15 时 35 分　　　　　　　　　　第 1412 号

受令处所	长春南站、长春站并转救援负责人及 58104 次司机	调度员姓名	刘平安
内　容	准许 长春 站开 58104 次列车，进入 长春 站至 长春南 站间 上 行线封锁区间 482 km 700 m 处进行事故救援，将 ―― 次推进（返回开 58105 次列车）至 长春 站。		

（规格 110 mm×160 mm）　　　　　受令车站　长春站　　　车站值班员　张　平

表 3-38　向封锁区间开行救援单机的调度命令

2009 年 12 月 16 日 15 时 35 分　　　　　　　　　　第 1413 号

受令处所	临潼站、新丰镇站、新丰镇站抄 31045 次司机	调度员姓名	张安全
内　容	自接令时起，新丰镇 站至 临潼 站间 下 行线区间封锁。准许新丰镇 站利用 31045 次 机车开 58101 次列车，进入封锁区间 1 048 km 200 m 处救援，将 ―― 次推进（返回开 58102 次列车）至 新丰镇 站。		

（规格 110 mm×160 mm）　　　　　受令车站　新丰镇站　　　车站值班员　李　华

（3）调度命令应包括受令人、开行的车次、封锁的区间、救援的地点、限制的速度、接车的方式等内容。命令中还应注明：双线区间的上（下）行线别；救援起复后的运行方向。救援列车应在救援地点前（××千米×米）一度停车。

（4）封锁区间内成立临时线路所时，站、所间接发救援列车应取得列车调度员和对方站值班员的同意，及时报点，填写《行车日志》。

（5）当列车调度电话不通时，应由接到救援请求的车站值班员根据救援请求办理。救援列车以车站值班员的命令，作为进入封锁区间的许可，如表3-39所示。命令发布站应用行车电话向邻站传达命令并听取复诵。"调度命令"中的"受令车站"改为"发令车站"，调度员姓名栏可不填。

表 3-39 车站值班员命令
调度命令

2010 年 12 月 15 日 17 时 05 分 　　　　　　　　　　第 1 号

受令处所	58102 次司机	调度员姓名	
内　容	现调度电话不通，45004次在长春站至长春南站上行线482 km700m出尾部车辆脱轨；经与长春南站值班员联系同意自接令时起，长春站至长春南站上行线区间封锁；准许长春站向封锁区间开行58104次去现场救援，返回开58105次，长春站以引导信号接车。		

（规格 110 mm×160 mm）　　　　　受令车站　长春站　　车站值班员 李　华
　　　　　　　　　　　　　　　　　发令车站

救援列车进入封锁区间后，在接近被救援列车或车列 2 km 时，要严格控制速度。同时，使用列车无线调度通信设备与请求救援的机车司机进行联系或以在瞭望距离内能够随时停车的速度运行，最高不得超过 20 km/h，在防护人员处或压上响墩后停车，联系确认，并按要求进行作业。

3. 向封锁区间发出救援列车

（1）车站值班员接到救援请求后，向列车调度员报告请求救援的有关情况，并通知有关救援单位，通知值班干部上岗监控。接收封锁区间及开行救援列车的调度命令。

（2）车站值班员接到封锁区间的调度命令后，加挂"区间封锁"安全牌。

（3）开放调车信号锁闭进路（调车进路不能完全锁闭整个进路时，其他未锁闭道岔单独锁闭）或单操道岔（含防护道岔）准备进路，并单独锁闭。通过控制台按下接通光带按钮确认进路正确。

（4）助理值班员与车站值班员认真核对调度命令，核对正确，通过控制台再次确认发车进路正确后（由于设备的关系助理值班员不能通过控制台确认发车进路时可不确认），与司机核对调度命令，无误后交给司机，确认发车条件具备发车。

（5）救援列车进入封锁区间时，要及时通知邻站，进入的"线别"，并揭挂"区间占用"安全牌。

4. 由封锁区间返回救援列车的接车

（1）车站值班员在接到救援现场负责人的开车通知后，核对封锁区间开行救援列车的调度命令。

（2）车站值班员根据调度命令要求，确定接车线，并确认接车线路空闲，开放进站信号机接车。

如遇进站信号机不能开放，开放调车信号准备进路（调车进路不能完全锁闭整个进路时，其他未锁闭道岔单独锁闭）后取消调车信号或单操道岔（含防护道岔）准备进路，开放引导信号接车（请求并接收引导信号接车的调度命令）。

未设进站信号机时，开放调车信号锁闭进路（调车进路不能完全锁闭整个进路时，其他未锁闭道岔单独锁闭）或单操道岔（含防护道岔）准备进路，并单独锁闭。按下接通光带按钮确认进路正确后，指示引导员到《站细》规定地点显示引导手信号接车（请求并接收引导手信号接车的调度命令）。

（3）车站值班员须将引导接车的调度命令号码及内容向司机转达。

（4）救援列车全部到达（返回）后，应及时通知邻站并报告列车调度员，摘下"区间占用"安全牌。

（5）两端站车站值班员确认区间空闲，根据施工负责人的请求，向列车调度员报告，接收开通区间的调度命令，与邻站核对调度命令后，开通区间，摘下"区间封锁"安全牌。

（九）轻型车辆及小车的使用

轻型车辆是指由随乘人员随时撤出线路外的轻型轨道车及其他非机动轻型车辆。例如，养路使用的 16 kW（22 马力）及其以下轨道车、养路发电车、脚踏车、手压车、线路平车等。16 kW 以上至 90 kW 的轨道车，虽装有自动下道装置，但当机械故障时，因轨道车过于笨重，随乘人员不易把它撤出线路，故不能按轻型车辆办理。

小车是指轨道检查仪、钢轨探伤仪、单轨小车、吊轨小车等。

1. 使用原则

（1）轻型车辆仅限昼间封锁施工维修作业时使用，不按列车办理。

（2）轻型车辆在夜间或遇降雾、暴风雨雪时，仅限消除线路故障或执行特殊任务时使用，但必须有照明及停车信号装置，此时应按列车办理。

（3）小车在昼间使用时，可跟随列车后面推行，不按列车办理。但在任何情况下，都不得影响列车正常运行。

（4）小车在夜间仅限于封锁施工维修作业时使用。

（5）160 km/h 以上的区段禁止利用列车间隔使用小车。

2. 使用手续

1）使用轻型车辆的手续

使用轻型车辆时，必须取得车站值班员对使用时间的承认，填发轻型车辆使用书，并必须保证在承认使用时间内将其撤除线路以外。

轻型车辆使用书（《技规》附件 6）的格式，如表 3-40 所示。

表 3-40　轻型车辆使用书

使用日期	车种	使用区间	上下行别	起讫时间	使用目的	负责人	承认号码	承认站车站值班员
月　日		自　　　站　　　千米 至　　　站　　　千米		自　时　分 至　时　分				
注意事项								

轻型车辆使用书，第 1~4 栏和 6、7 栏由使用负责人填写，第 5、8、9 栏及注意事项由车站值班员填写。填写时要简明扼要、准确清晰、不得涂改，填写错误时应画"×"注销，重新填写。经双方签认后，使用负责人、车站值班员各留一份备查。

轻型车辆使用书是使用轻型车辆的依据，当轻型车辆由区间搬入线路时，为取得车站值班员的承认，允许使用负责人在区间用电话进行联系，双方分别填写轻型车辆使用书，并复诵核对，互报姓名，以供备查。

使用轻型车辆时，若车站值班员承认时间已到，而轻型车辆未到达目的地，无论是否有列车驶来，都应将轻型车辆撤出线路外。如还需继续使用时，必须重新取得车站值班员的承认，重新填写轻型车辆使用书。

车站值班员在承认轻型车辆的使用后，应在控制台闭塞机或闭塞电话上揭挂"使用轻型车辆"表示牌，以防遗忘。

2. 使用小车的手续

使用各种小车时，负责人应了解列车运行情况，按规定进行防护，并保证能在列车到达前撤出线路以外。

由于小车自重轻，撤出线路方便，一般不必取得车站值班员的承认。但在车站内使用装载较重的单轨小车时，考虑到站内接发列车及调车作业频繁，条件复杂，使用负责人不易掌握站内机车车辆的动态等，因此必须与车站值班员办理承认手续后，方可使用。

3. 使用条件及注意事项

1）使用条件

轻型车辆及小车平时应放置在固定的安全地点并加锁。使用前应进行检查，确认状态良好，符合使用条件，方可使用。

（1）须有经使用单位指定的负责人和防护人员。

（2）轻型车辆须具有年检合格证。

（3）须有足够的人员，能随时将轻型车辆或小车撤出线路外。

（4）须备有防护信号、列车运行时刻表、钟表及列车无线调度通信设备。

（5）轻型车辆应有制动装置（其他非机动轻型车辆根据需要安装）；牵引拖车时，连挂处应使用自锁插销，拖车必须有专人负责制动。

（6）在有轨道电路的线路或道岔上运行时，应设置绝缘车轴或绝缘垫。

2）注意事项

（1）轻型轨道车过岔速度不得超过 15 km/h，区间运行最高速度不得超过 45 km/h。

（2）遇降雾、暴风雨雪及在进出站时，应降低速度。

（3）轻型轨道车连挂拖车时，不得推进运行。

（4）轻型轨道车不得与重型轨道车连挂运行。

（5）在双线地段，单轨小车应面对来车方向在外股钢轨上推行。

（6）利用列车间隔在区间使用轻型车辆及小车时，应在车站登记，并设置驻站联络员，按下列规定防护：

① 轻型车辆运行中，必须显示停车手信号，并注意瞭望。

② 在线路上人力推行小车时，应派防护人员在小车前后方向，按线路最大速度等级的列车紧急制动距离位置显示停车手信号，随车移动，如瞭望条件不良，应增设中间防护人员。

③ 在双线地段遇有邻线来车时，应暂时收回停车手信号，待列车过后再行显示。

④ 轻型车辆遇特殊情况不能在承认的时间内撤出线路，或小车不能立即撤出线路时，在轻型车辆或小车前后方向按线路最大速度等级规定的列车紧急制动距离位置以停车手信号防护，自动闭塞区段还应使用短路铜线短路轨道电路。在设置防护的同时，应立即使用列车无线调度通信设备报告车站值班员或通知列车司机紧急停车。

⑤ 小车跟随列车后面推行时，应与列车尾部保持大于 500 m 的距离。

二、相关实践技能

（一）向施工封锁区间开行路用列车

1. 向施工封锁区间发出路用列车

向施工封锁区间发出路用列车作业程序及用语，如表 3-41 所示。

表 3-41 向施工封锁区间发出路用列车作业程序及用语

程序	项目	车站值班员	信号员	助理值班员	备注
一、请求发车	1. 请求发车	（1）向列车调度员报告："××部门请求，×（站）至×（站）间×行线施工封锁，由×站开行路用列车"			
		（2）抄收封锁区间及向施工封锁区间开行路用列车的调度命令	（1）揭挂"封锁区间"表示牌		
		（3）填写《行车日志》			使用计算机报点系统时，通过系统报点

续表

程序	项目	车站值班员	信号员	助理值班员	备注
二、准备进路	2.停止调车作业	（4）通知信号员："停止影响进路的调车作业"，并听取报告	（2）复诵："停止影响进路的调车作业"。确认停止后，报告："影响进路的调车作业已停止"		停止调车作业时机，按《站细》规定。无影响进路的调车作业时，此项作业省略
	3.准备进路	（5）通知信号员："×（次）、×道发车，准备进路"。听取无误后命令："执行"	（3）复诵："×（次）、×道发车，准备进路"		
		（6）确认进路正确，应答："×道发车进路好（了）"	（4）正排调车进路或将道岔单操至所需位置，接通光带确认正确（计算机联锁确认道岔开通位置正确）后单锁，口呼："×道发车进路好（了）"		
三、发车	4.办理凭证	（7）与助理值班员核对调度命令		（1）与车站值班员核对调度命令	
		（8）核对正确无误后，签名并加盖站名印			
	5.准备发车	（9）将调度命令交助理值班员，指示："×（次）、×道发车"，并听取复诵		（2）复诵："×（次）、×道发车"	
				（3）与司机核对调度命令无误后交司机	
	6.发车		（5）通过控制台监视信号及进路表示		
				（4）确认具备发车条件	
				（5）按规定站在适当地点显示发车信号（使用列车无线调度通信设备发车时除外）	使用列车无线调度通信设备发车时，必须得到助理值班员发车条件具备的汇报

续表

程序	项目	车站值班员	信号员	助理值班员	备注
四、列车出发	7. 监视列车	（10）列车起动后，通知对方站车站值班员："×（次）、×（点）×（分）开"，并听取复诵			
		（11）填写《行车日志》			使用计算机报点系统时，填记"电子《行车日志》"
		（12）应答："好（了）"	（6）通过控制台确认列车整列出站，口呼："×（次）出站"	（6）监视列车，于列车尾部越过发车地点，确认列车尾部标志后返回	
			（7）擦（划）掉占线板（簿）记载	（7）擦（划）掉占线板（簿）记载	
		（13）通知信号员："解锁进路"	（8）复诵："解锁进路"		
		（14）确认解锁正确后，应答："好（了）"	（9）按规定解锁进路后，向车站值班员报告："进路解锁好（了）"		
	8. 报点	（15）向列车调度员报点"×（站）报点，×（次）、×（点）×（分）开"			使用计算机报点系统时，通过系统报点

2. 由施工封锁区间反方向接入路用列车

由施工封锁区间接入路用列车作业程序及用语，如表 3-42 所示。

表 3-42　由施工封锁区间接入路用列车作业程序及用语

程序	项目	车站值班员	信号员	助理值班员	引导员	备注
一、接受请求	1. 接受请求	（1）听取现场施工负责人×线返回的请求				
		（2）核对施工封锁区间的调度命令				

续表

程序	项目	车站值班员	信号员	助理值班员	引导员	备注
二、准备进路	2. 准备接车	（3）确定接车线				
		（4）通知信号员、助理值班员"反方向×（次）、×道停车"，并听取复诵	（1）复诵："反方向×（次）、×道停车"，并填写占线板（簿）	（1）复诵："反方向×（次）、×道停车"，并填写占线板（簿）		
	3. 确认接车线	（5）通知信号员"确认×道空闲"，并听取报告	（2）确认接车线路空闲后，报告："×道空闲"			
		（6）通知信号员："停止影响进路的调车作业"，并听取报告	（3）复诵："停止影响进路的调车作业"。确认停止后，报告："影响进路的调车作业已停止"			停止调车作业时机，按《站细》规定。无影响进路的调车作业时，此项作业省略
	4. 准备进路	（7）通知信号员："反方向×（次）、×道停车，准备进路"。听取复诵无误后命令："执行"	（4）复诵："反方向×（次）、×道停车，准备进路"			
		（8）确认进路正确，应答："反方向×道接车进路好（了）"	（5）正排调车进路或将道岔单操至所需位置，接通光带确认正确（计算机联锁确认道岔开通位置正确）后单锁，口呼："反方向×道接车进路好（了）"			
三、引导接车	5. 引导接车	（9）通知引导员："反方向×（次）开过来（了），引导接车"。听取复诵无误后，命令："执行"			（1）复诵："反方向×（次）开过来（了），引导接车"	
					（2）到规定地点，显示引导手信号	

续表

程序	项目	车站值班员	信号员	助理值班员	引导员	备注
三、引导接车	5. 引导接车				（3）待列车头部越过引导地点后，收回引导手信号	
			（6）通过控制台监视进路表示			
	6. 列车接近	（10）听到列车接近的报告后，应答："×（次）接近"	（7）通过控制台的显示确认列车接近，口呼："×（次）接近"			
		（11）通知助理值班员："×（次）接近，×道接车"，并听取复诵		（2）复诵："×（次）接近，×道接车"		
	7. 接车			（3）到《站细》规定地点接车		
四、列车到达	8. 列车到达		（8）通过控制台监视进路及列车进站	（4）监视列车进站，于列车停妥后返回		
		（12）应答："好（了）"	（9）确认列车整列进入接车线，口呼："×（次）到达"			
		（13）填记《行车日志》				使用计算机报点系统时，填记"电子《行车日志》"
		（14）通知对方站"×（次）、×（点）×（分）到"，并听取复诵				
			（10）填写占线板（簿）	（5）填写占线板（簿）		
		（15）通知信号员："解锁进路"	（11）复诵："解锁进路"			

177

续表

程序	项目	车站值班员	信号员	助理值班员	引导员	备注
四、列车到达	8. 列车到达	（16）确认解锁正确后，应答："好（了）"	（12）按规定解锁进路后，向车站值班员报告："进路解锁好（了）"			
	9. 报点	（17）向列车调度员报点："×（站）报点，×（次）、（×点）×（分）到"				使用计算机报点系统时，通过系统报点
	10. 开通区间	（18）施工完了向列车调度员报告				
		（19）查明区间空闲，抄收开通区间的调度命令	（13）摘下"封锁区间"表示牌			

（二）向封锁区间开行救援列车

1. 向封锁区间发出救援列车

向封锁区间发出救援列车作业程序及用语，如表 3-43 所示。

表 3-43　向封锁区间发出救援列车作业程序及用语

程序	项目	车站值班员	信号员	助理值班员	备注
一、请求发车	1. 封锁区间	（1）向列车调度员报告请求救援的情况			
		（2）抄收封锁区间、开行救援列车的调度命令	（1）揭挂"封锁区间"表示牌		遇调度电话不通时，救援列车以车站值班员的命令作为进入封锁区间的许可
	2. 布置任务	（3）向助理值班员及信号员布置开行救援列车计划："×道×（次）×号机车担当救援，开行××（次），折返××（次）"	（2）复诵："×道×（次）×号机车担当救援，开行××（次），折返××（次）"	（1）复诵："×道×（次）×号机车担当救援，开行××（次），折返××（次）"	开行固定编组救援列车时，无此项作业
		（4）填写《行车日志》			使用计算机报点系统时，填记"电子《行车日志》"

续表

程序	项目	车站值班员	信号员	助理值班员	备注
二、准备进路	3. 停止调车作业	（5）通知信号员："停止影响进路的调车作业"，并听取报告	（3）复诵："停止影响进路的调车作业"。确认停止后，报告："影响进路的调车作业已停止"		停止调车作业时机，按《站细》规定。无影响进路的调车作业时，此项作业省略
	4. 准备进路	（6）通知信号员："×（次）、×道发车，准备进路"。听取复诵无误后，命令："执行"	（4）复诵："×（次）、×道发车，准备进路"		
		（7）确认进路正确，应答："×道发车进路好（了）"	（5）正排调车进路或将道岔单操至所需位置，接通光带确认正确（计算机联锁确认道岔开通位置正确）后单锁，口呼："×道发车进路好（了）"		
三、发车	5. 办理许可	（8）与助理值班员核对调度命令		（2）与车站值班员核对调度命令	
		（9）核对正确无误后，签名并加盖站名印			
	6. 准备发车	（10）将调度命令交与助理值班员，指示："×（次）、×道发车"，并听取复诵		（3）复诵："×（次）、×道发车"	
				（4）与司机核对调度命令无误后交司机	
	7. 发车		（6）通过控制台监视信号及进路表示		
				（5）确认发车条件具备	
				（6）按规定站在适当地点显示发车信号或向运转车长显示发车指示信号并应依式中转发车信号（使用列车无线调度通信设备发车时除外）	使用列车无线调度通信设备发车时，必须得到助理值班员发车条件具备的汇报

续表

程序	项目	车站值班员	信号员	助理值班员	备注
四、列车出发	8. 监视列车	（11）列车起动，通知对方站："×（次）、（×点）×（分）开"，并听取复诵			
		（12）填写《行车日志》			使用计算机报点系统时，填记"电子《行车日志》"
			（7）通过控制台监视进路及列车出站	（7）监视列车，于列车尾部越过发车地点，按规定显示互检信号后返回	
		（13）应答："好（了）"	（8）通过控制台确认列车整列出站，口呼："×（次）出站"		
			（9）擦（划）掉占线板（簿）记载	（8）擦（划）掉占线板记载	
		（14）通知信号员："解锁进路"	（10）复诵："解锁进路"		
		（15）确认解锁正确后，应答："好（了）"	（11）按规定解锁进路后，向车站值班员报告："进路解锁好（了）"		
	9. 报点	（16）向列车调度员报点："×（站）报点，×（次）、×（点）×（分）开"			使用计算机报点系统时，通过系统报点

2. 由封锁区间反方向接入救援列车

由封锁区间接入救援列车作业程序及用语，如表3-44所示。

表 3-44 由封锁区间接入救援列车作业程序及用语

程序	项目	车站值班员	信号员	助理值班员	引导员	备注
一、接受请求	1.接受请求	（1）接收事故现场负责人或事故现场临时线路所值班员救援列车开车的通知				
		（2）核对封锁区间开行救援列车的调度命令				
		（3）填写《行车日志》				使用计算机报点系统时，填记"电子《行车日志》"
二、准备接车	2.准备接车	（4）确定接车线				
		（5）通知信号员、助理值班员："反方向×（次）×道停车"，并听取复诵	（1）复诵："反方向×（次）×道停车"，并填写占线板（簿）	（1）复诵："反方向×（次）×道停车"，并填写占线板（簿）		
	3.确认接车线	（6）通知信号员确认接车线路空闲："确认×道空闲"，并听取报告	（2）确认接车线路空闲后，报告："×道空闲"			
		（7）通知信号员："停止影响进路的调车作业"，并听取报告	（3）复诵："停止影响进路的调车作业"。确认停止后，报告："影响进路的调车作业已停止"			停止调车作业时机，按《站细》规定。无影响进路的调车作业时，此项作业省略
二、准备接车	4.准备进路	（8）通知信号员："反方向×（次）、×道停车，准备进路"。听取复诵无误后命令："执行"	（4）复诵："反方向×（次）、×道停车，准备进路"			

续表

程序	项目	车站值班员	信号员	助理值班员	引导员	备注
二、准备接车	4.准备进路	（9）听取报告、确认进路正确，应答："×道接车进路好（了）"	（5）正排调车进路或将道岔单操至所需位置，接通光带确认正确（计算机联锁确认道岔开通位置正确）后单锁，口呼："×道接车进路好（了）"			
三、引导接车	5.引导接车	（10）通知引导员："反方向×（次）开过来（了），引导接车"。听取复诵无误后，命令："执行"			（1）复诵："反方向×（次）开过来（了），引导接车"	
		（11）听到列车接近的报告后，应答："×（次）接近"	（6）通过控制台的显示确认列车接近，口呼："×（次）接近"		（2）到规定地点，显示引导手信号	
		（12）通知助理值班员："反方向×（次）接近，×道接车"，并听取复诵		（2）复诵："反方向×（次）接近，×道接车"		
				（3）及时出场站在规定地点接车		
四、列车到达	6.列车到达		（7）通过控制台监视进路及列车进站	（4）监视列车进站，于列车停妥后返回	（3）待列车头部越过引导地点后，收回引导手信号	
		（13）应答："好（了）"	（8）通过控制台确认列车整列进入接车线，口呼："×（次）到达"			
		（14）通知对方站"×（次）、×（点）×（分）到"，并听取复诵				

续表

程序	项目	车站值班员	信号员	助理值班员	引导员	备注
四、列车到达	6. 列车到达	（15）填写《行车日志》				使用计算机报点系统时，填记"电子《行车日志》"
		（16）通知信号员："解锁进路"	（9）复诵："解锁进路"			
		（17）确认解锁正确后，应答："好（了）"	（10）按规定解锁进路后，向车站值班员报告："进路解锁好（了）"			
	7. 报点	（18）向列车调度员报点："×（站）报点，×（次）、×（点）×（分）到"				使用计算机报点系统时，通过系统报点
	8. 开通区间	（19）根据事故现场负责人事故起复、设备恢复正常的报告，报告列车调度员				
		（20）抄收开通区间的调度命令	（11）摘下"封锁区间"表示牌			

【实训练习】

1. 双线自动闭塞（设信号员）区间施工需开行路用列车送料。

（1）已知条件。

① 甲站至乙站间下行正线 K501+100m 处进行更换轨枕作业，影响下行列车运行。

② 施工命令（已发），11：05 至 12：05 下行方向区间正线封锁施工。

③ 阶段计划，57021 次 11：10 分到施工地点送轨枕，11：40 分返回甲站。

④ 相邻区间上下行客（货）列车运行时分为 8（10）min。

（2）演练要求。

执行接发列车作业标准，办理 57021 次接发作业。

2. 双线自动闭塞（设信号员）区间机故需救援。

（1）已知条件。

① 阶段计划：19068 次 10：04 分通过。

② 乙站 4 道停有 38012 次，38012 次让 19068 次，10：12 开。

③ 相邻区间上下行客（货）列车运行时分为 8（10）min。

④ 故障设置：19068 次丙站通过 8 min 后，接司机报告，因风泵故障迫停于区间 K1039+800 m 处，请求救援。

⑤ 车站值班员向列车调度员报告时，发现调度电话中断。

（2）演练要求。

执行接发列车作业标准，安排 38012 次机车救援 19068 次，救援车次 58101/58102 次。

复习思考题

1. 哪些情况下应采用电话闭塞法行车？
2. 填发路票的条件是什么？
3. 无联锁（或联锁失效）情况下如何准备接发列车进路？
4. 什么是引导接车？引导接车有哪几种情况？
5. 什么情况下应采用绿色许可证发车？如何填写绿色许可证？
6. 对于不同的闭塞方式，轨道电路故障时的接发列车，各应采用何种闭塞方式行车？
7. 遇设备故障时应如何处理？
8. 什么叫一切电话中断？一切电话中断后准许发出哪些列车？
9. 双线改单线时接发列车办法是如何规定的？
10. 站内无空闲线路时如何接车？
11. 列车在区间被迫停车后如何处理？
12. 哪些情况下禁止列车分部运行？
13. 列车在区间退行时应遵守哪些规定？
14. 哪些情况下禁止列车退行？
15. 如何办理接发超长列车作业？
16. 如何办理区间的封锁与开通？
18. 开行路用列车时，在封锁区间与非封锁区间的行车凭证分别是什么？
19. 遇有施工又必须接发列车时如何办理？
20. 如何向封锁区间开行救援列车？救援列车进入封锁区间的行车凭证是什么？

【拓展知识】

一、高速铁路 CTC 故障时的应急处理

车站值班员发现 CTC 终端列车车次号错误或丢失时，应报告列车调度员，与列车调度员核对确认后，重新输入正确的车次号。

车站控制时，车站值班员遇 CTC 不能自动触发进路，应采取人工触发进路或人工排列进路方式办理，并通知电务部门进行处理，在《行车设备检查登记簿》内登记。

当 CTC 设备登记停用或全站表示信息中断未及时恢复时，应转为非常站控。

调度所及车站 CTC 设备均不能正确显示列车占用状态时，执行以下规定：

（1）列车调度员应立即通知已进入区间的列车司机立即停车，通知电务部门进行处理。

（2）CTC设备不能正确显示列车占用状态，故障暂时无法修复，具备放行列车条件时，列车调度员根据电务部门登记的行车限制条件放行列车，通知车站转为非常站控。对已进入区间的列车，列车调度员确认列车至前方站（线路所）间空闲后，通知列车司机逐列恢复，指示后列恢复运行前必须确认前列已完整到达前方站（线路所）。司机按信号显示运行，逐列运行至前方站（线路所）。区间空闲后，按站间组织行车。

（3）CTC设备不能正确显示列车占用状态故障修复，列车调度员根据电务部门的销记，通知有关列车司机恢复正常运行。

二、高速铁路非正常接发列车

（一）进站（接车进路）信号机故障或接车进路上道岔失去表示、轨道电路非列车占用红光带故障接车

列车调度员（车站控制时为车站值班员）通知设备管理单位进行检查处理，在《行车设备检查登记簿》内登记。

设备故障修复，列车调度员（车站控制时为车站值班员）根据设备管理单位的销记，开放进站（接车进路）信号办理接车。

设备故障暂时无法修复，具备放行列车条件时，列车调度员（车站控制时为车站值班员）根据设备管理单位登记的行车限制条件组织行车。

1. 进站（接车进路）信号机引导信号能够开放

进站（接车进路）信号机引导信号能够开放时，在确认接车进路空闲、进路准备妥当后，开放引导信号办理接车。

2. 进站（接车进路）信号机引导信号不能开放

进站（接车进路）信号机引导信号不能开放时，在确认接车进路空闲、进路准备妥当后，列车调度员发布准许列车越过该信号机的调度命令，司机凭调度命令越过该信号机。动车组列车在进站（接车进路）信号机前停车后，装备LKJ的动车组列车将列控车载设备隔离，按LKJ方式运行，速度不超过40 km/h；未装备LKJ的动车组列车改按隔离模式进站停车。动车组以外的列车按LKJ（GYK）方式运行，速度不超过20 km/h。

（二）出站（发车进路）信号机故障或发车进路上道岔失去表示、轨道电路非列车占用红光带发车

列车调度员（车站控制时为车站值班员）通知设备管理单位进行检查处理，在《行车设备检查登记簿》内登记。

设备故障修复，列车调度员（车站控制时为车站值班员）根据设备管理单位的销记，开放出站（发车进路）信号机办理发车。

设备故障暂时无法修复，具备放行列车条件时，列车调度员（车站控制时为车站值班员）根据设备管理单位登记的行车限制条件组织行车。

1. 出站信号机不能开放

1）出站信号机引导信号能够开放

出站信号机引导信号能够开放时，确认第一个闭塞分区空闲（CTCS-3 级及信号机常态灭灯的 CTCS-2 级自动闭塞区间对 LKJ 或 GYK 控车的列车和自动站间闭塞区间为确认区间空闲）和发车进路空闲，进路准备妥当后，开放引导信号办理发车。

2）出站信号机未设引导信号或引导信号不能开放

（1）在 CTCS-3 级及信号机常态灭灯的 CTCS-2 级自动闭塞区间。

在 CTCS-3 级及信号机常态灭灯的 CTCS-2 级自动闭塞区间，信号机应点灯，在确认区间空闲和发车进路空闲，进路准备妥当后，列车调度员发布准许进入区间的调度命令，司机凭调度命令进入区间。装备 LKJ 的动车组列车将列控车载设备隔离，按 LKJ 方式运行至前方站进站信号机（线路所通过信号机），按其显示的要求执行；未装备 LKJ 的动车组列车改按隔离模式运行至前方站进站信号机（线路所通过信号机），按其显示的要求执行；动车组以外的列车按 LKJ（GYK）方式运行，运行至前方站进站信号机（线路所通过信号机），按其显示的要求执行。

（2）在信号机常态点灯的 CTCS-2 级自动闭塞区间。

在信号机常态点灯的 CTCS-2 级自动闭塞区间，确认第一个闭塞分区空闲（未装备 LKJ 的动车组列车为确认区间空闲）和发车进路空闲，进路准备妥当后，列车调度员发布准许进入区间的调度命令，司机凭调度命令进入区间。装备 LKJ 的动车组列车将列控车载设备隔离，按 LKJ 方式运行，以不超过 40 km/h 的速度运行至区间第一架通过信号机，按其显示的要求执行；未装备 LKJ 的动车组列车改按隔离模式运行至前方站进站信号机（线路所通过信号机），按其显示的要求执行；动车组以外的列车按 LKJ（GYK）方式运行，以不超过 20 km/h 的速度运行至区间第一架通过信号机，按其显示的要求执行。

（3）在自动站间闭塞区段。

自动站间闭塞区段，在确认区间空闲后，应停止使用基本闭塞法改按电话闭塞法行车，确认发车进路空闲和进路准备妥当后，发布调度命令，司机凭调度命令进入区间。装备 LKJ 的动车组列车（需将列控车载设备隔离）、动车组以外的列车，按 LKJ（GYK）方式运行至前方站进站信号机（线路所通过信号机），按其显示的要求执行；未装备 LKJ 的动车组列车改按隔离模式运行至前方站进站信号机（线路所通过信号机），按其显示的要求执行。

2. 发车进路信号机不能开放

1）发车进路信号机能开放引导信号

发车进路信号机能开放引导信号时，在确认发车进路空闲和进路准备妥当后，开放引导信号办理发车。

2）发车进路信号机未设引导信号或引导信号不能开放

列车由车站开往区间，发车进路信号机未设引导信号或引导信号不能开放时，在确认发车进路空闲和进路准备妥当后，列车调度员发布准许列车越过该信号机的调度命令，司机凭调度命令越过该信号机。装备 LKJ 的动车组列车将列控车载设备隔离，按 LKJ 方式以不超过 40 km/h 的速度运行至次一信号机前停车，转回列控车载方式控车；未装备 LKJ 的动车组列车改按隔离模式，运行至次一信号机前停车，转回列控车载方式控车；动车组以外的列车按 LKJ（GYK）方式，以不超过 20 km/h 的速度运行至次一信号机，按其显示要求执行。

出站信号机不能开放时，除按规定交付行车凭证外，对通过列车应预告司机。装有进路表示器或发车线路表示器的出站信号机，当该表示器不良时，由列车调度员（车站控制时为车站值班员）通知司机；司机发现表示器不良时，应及时报告列车调度员（车站值班员）。

（三）线路所通过信号机故障或进路上道岔失去表示、轨道电路非列车占用红光带故障发车

列车调度员（车站控制时为车站值班员）通知设备管理单位进行检查处理，在《行车设备检查登记簿》内登记。

设备故障修复，列车调度员（车站控制时为车站值班员）根据设备管理单位的销记，恢复正常组织行车。

设备故障暂时无法修复，具备放行列车条件时，列车调度员（车站控制时为车站值班员）根据设备管理单位登记的行车限制条件组织行车。

1. 线路所通过信号机引导信号能够开放

线路所通过信号机引导信号能够开放时，确认第一个闭塞分区空闲（CTCS-3 级及信号机常态灭灯的 CTCS-2 级自动闭塞区间对 LKJ 或 GYK 控车的列车和自动站间闭塞区间为确认区间空闲）和进路空闲，进路准备妥当后，开放引导信号办理行车。

2. 线路所通过信号机引导信号不能开放

1）在 CTCS-3 级及信号机常态灭灯的 CTCS-2 级自动闭塞区间

列车开往 CTCS-3 级及信号机常态灭灯的 CTCS-2 级自动闭塞区间时，信号机应点灯，在确认区间空闲和进路空闲，进路准备妥当后，列车调度员发布准许列车越过该信号机的调度命令，司机凭调度命令越过该信号机。装备 LKJ 的动车组列车将列控车载设备隔离，改按 LKJ 方式运行，运行至前方站进站信号机（线路所通过信号机），按其显示的要求执行；未装备 LKJ 的动车组列车改按隔离模式运行，运行至前方站进站信号机（线路所通过信号机），按其显示的要求执行；动车组以外的列车按 LKJ（GYK）方式运行，运行至前方站进站信号机（线路所通过信号机），按其显示的要求执行。

2）在信号机常态点灯的 CTCS-2 级自动闭塞区间

列车开往时，在确认区间第一个闭塞分区空闲（未装备 LKJ 的动车组列车为确认区间空闲）和进路空闲，进路准备妥当后，列车调度员发布准许越过该信号机的调度命令，司机凭调度命令越过该信号机。装备 LKJ 的动车组列车将列控车载设备隔离，按 LKJ 方式运行，以不超过 40 km／h 的速度运行至区间第一架通过信号机，按其显示的要求执行；未装备 LKJ 的动车组列车改按隔离模式运行，运行至前方站进站信号机（线路所通过信号机），按其显示

的要求执行；动车组以外的列车按 LKJ（GYK）方式运行，以不超过 20 km/h 的速度运行至区间第一架通过信号机，按其显示的要求执行。

3）在自动站间闭塞区间

列车开往自动站间闭塞区间时，在确认区间空闲后，应停止使用基本闭塞法改按电话闭塞法行车，确认进路空闲和进路准备妥当后，发布调度命令，司机凭调度命令越过线路所通过信号机。装备 LKJ 的动车组列车（需将列控车载设备隔离）、动车组以外的列车，按 LKJ（GYK）方式运行至前方站进站信号机（线路所通过信号机），按其显示的要求执行；未装备 LKJ 的动车组列车改按隔离模式运行至前方站进站信号机（线路所通过信号机），按其显示的要求执行。

三、站内轨道电路分路不良时的应急处理

站内轨道电路出现分路不良时，电务部门检测确认后，由电务部门及时在车站、调度所《行车设备检查登记簿》内登记，并在 CTC 终端上进行标注。

列车调度员（车站控制时为车站值班员）办理经由分路不良区段的进路时，执行以下规定：

1. 办理进路

办理进路前，列车调度员（车站值班员）必须亲自或指派其他人员（集控站为车务应急值守人员组织电务、工务人员）确认与进路有关的所有分路不良区段空闲后，方可准备进路，并将分路不良区段的道岔单独锁闭；列车（机车车辆）未全部出清轨道电路分路不良区段前，严禁操纵有关道岔及其防护道岔，不得解除分路不良区段道岔单独锁闭。

2. 调车作业

调车作业时，询问并得到调车人员或司机汇报机车车辆出清道岔轨道电路分路不良区段后，方可扳动道岔，开放信号。

3. 轨道电路分路不良的股道上停放车辆

在轨道电路分路不良的股道上停放车辆时，必须对股道两端信号进行钮封。

4. 人工解锁轨道电路分路不良区段

遇有列车（机车车辆）通过后进路漏解锁、光带不消失时，必须确认列车（机车车辆）已通过该区段后，方可对该区段进行人工解锁。

参考文献

[1] 赵匡英. 铁路行车组织[M]. 北京：中国铁道出版社，2010.
[2] 韩买良，武凤时，郑松富. 非正常情况接发列车及演练[M]. 北京：中国铁道出版社，2011.
[3] 铁道部. 接发列车作业：TB/T 1500.1～1500.8—2009[S]. 北京：中国铁道出版社，2009.
[4] 铁道部. 车机联控作业：TB/T 3059—2009[S]. 北京：中国铁道出版社，2009.
[5] 中国铁路总公司. 铁路技术管理规程：普速铁路部分[M]. 北京：中国铁道出版社，2014.
[6] 铁道部. 铁路营业线施工安全管理办法[TG/CW106]（铁运〔2012〕280号）[OL]. 2012.